刘晓婷

编写

汉字五千年

吉林出版集团股份有限公司

吉林教育出版社

图书在版编目（CIP）数据

汉字五千年 / 刘晓婷编写．—长春：吉林教育出
版社，2012.6（2022.10 重印）
　　（和谐校园文化建设读本）
　　ISBN 978-7-5383-8798-8

　　Ⅰ．①汉… Ⅱ．①刘… Ⅲ．①汉字—汉语史—青年读
物②汉字—汉语史—少年读物Ⅳ．①H12-49

中国版本图书馆CIP数据核字（2012）第116024号

汉字五千年
HANZI WUQIAN NIAN

　　　　　　　　　　　　　　　　　　　　　　刘晓婷　编写

策划编辑　刘　军　　潘宏竹
责任编辑　付晓霞　　　　　　　　　　　　**装帧设计**　王洪义
出版	吉林出版集团股份有限公司（长春市福祉大路5788号　邮编 130118） 吉林教育出版社（长春市同志街1991号　邮编　130021）
发行	吉林教育出版社
印刷	北京一鑫印务有限责任公司
开本	710毫米×1000毫米　1/16　　印张　12　　**字数**　152千字
版次	2012年6月第1版　　印次　2022年10月第2次印刷
书号	ISBN 978 -7 -5383 -8798 -8
定价	39.80元

编　委　会

主　　编：王世斌

执行主编：王保华

编委会成员：尹英俊　尹曾花　付晓霞

　　　　　　刘　军　刘桂琴　刘　静

　　　　　　张　瑜　庞　博　姜　磊

　　　　　　潘宏竹

　　　　　　（按姓氏笔画排序）

总 序

千秋基业，教育为本；源浚流畅，本固枝荣。

什么是校园文化？所谓"文化"是人类所创造的精神财富的总和，如文学、艺术、教育、科学等。而"校园文化"是人类所创造的一切精神财富在校园中的集中体现。"和谐校园文化建设"，贵在和谐，重在建设。

建设和谐的校园文化，就是要改变僵化死板的教学模式，要引导学生走出教室，走进自然，了解社会，感悟人生，逐步读懂人生、自然、社会这三本大书。

深化教育改革，加快教育发展，构建和谐校园文化，"路漫漫其修远兮"，奋斗正未有穷期。和谐校园文化建设的研究课题重大，意义重要，内涵丰富，是教育工作的一个永恒主题。和谐校园文化建设的实施方向正确，重点突出，是教育思想的根本转变和教育运行机制的全面更新。

我们出版的这套《和谐校园文化建设读本》，既有理论上的阐释，又有实践中的总结；既有学科领域的有益探索，又有教学管理方面的经验提炼；既有声情并茂的童年感悟；又有惟妙惟肖的机智幽默；既有古代哲人的至理名言，又有现代大师的谆谆教诲；既有自然科学各个领域的有趣知识；又有社会科学各个方面的启迪与感悟。笔触所及，涵盖了家庭教育、学校教育和社会教育的各个侧面以及教育教学工作的各个环节，全书立意深邃，观念新异，内容翔实，切合实际。

我们深信：广大中小学师生经过不平凡的奋斗历程，必将沐浴着时代的春风，吸吮着改革的甘露，认真地总结过去，正确地审视现在，科学地规划未来，以崭新的姿态向和谐校园文化建设的更高目标迈进。

让和谐校园文化之花灿然怒放！

本书编委会

目 录

一、神妙的足迹

我们平常看书、读报、写信，或是写文章、写文件，时时处处离不开文字。

世界上的文字有许多种。每一个民族，有每一个民族的文字。

文字其实是记录语言的符号。汉族人说的话，就叫汉语；记录汉语的符号，就是汉字。

汉字是中国人发明的形意文字书写系统，它与古埃及的圣书字和两河流域苏美尔人的楔形文字并称世界三大文字，其他两种文字的失传，使得汉字成了世界上唯一被沿用至今的古老文字。作为中华文明中不可或缺的重要组成部分，汉字的出现，标志着中国历史走进了有文字记载的时代，是历史长河中的一件大事，对后世有着重要的影响。汉字不仅承载了中华民族上下五千年的历史，更是从古到今人们进行沟通的重要手段。目前留有的大量古代典籍都使用汉字作为书写体系，并且在古代的日本、朝鲜和越南，汉字都曾是这些国家正式文书的唯一系统，因而汉字在历史上对文明的传播也起过重要的作用。

但是，汉字究竟是怎么造出来的呢？从仓颉（jié）造字的古老传说到一百多年前甲骨文的发现，历代中国学者一直致力于揭开汉字的起源之谜。传说有个叫仓颉的人，他观察了鸟兽印在泥土上的脚印后，便依据这些形状发明了文字。当然，传说是靠不住的。汉字应该是广大劳动人民根据实际生活的需要，在长期的社会实践中慢慢丰富和发展起来的。洪荒年代，先民们积累的知识都是依靠口头相授而代代相传的，这种口头知识的传播和积累有明显缺点，天长日久便不能满足需要了。于是他们又用结绳、契刻、图画等方法辅助记事,后来又用具有某些特征的图形来简化、取代图画。当原始人类使用的图形符号简化到一定程度并与语言对应时,原始文字便形成了。这大约是公元前14世纪的殷商后期,此时的文字即甲骨文。甲骨文是按照实物的形状描绘出来的文字,被称为"象形文字",是刻写在龟甲和兽骨上的卜辞,是中国最早的文字,它们或规矩整齐、错落有致,或变化多姿、随意大气,十分生动。

西周后期,甲骨文演变为大篆,字形结构趋向整齐,逐渐离开了图画的原形,汉字作为方块字的基础由此奠定。秦始皇统一中国后,丞相李斯对大篆去繁就简,线条化和规范化达到了完善的程度,几乎完全脱离了图画文字,成为和谐美观的方块字体,"书同文"的历史从此开始。秦始皇的统一文字,使得发音差异很大的汉语方言,因书写系统的统一而减少了交流的障碍。此后的各个朝代,汉字的书写形式均有变革,历经甲骨文、金文、大篆、小篆、隶书、楷书、草书、行书等书体的变化,传至今日,形成了我们日常书写所习惯使用的字体。

世界上有许多国家的文字,只有几十个字母,用这几十个字母就可以拼写平常所说的话。这种文字叫作拼音文字。

我国是个多民族的国家。除了汉族之外,还有五十五个少数民族。大部分少数民族有自己的文字。比如,藏族、蒙古族、维吾尔族等民族文字,是拼音文字。而汉字就不是这种文字,它是一个个的方块字,由各种线条组成。

汉族的方块字,究竟有多少个?谁也没有精确地统计过。根据研究汉字的专家们估计,至少有六万多个。我们生活中常用的单字,大概有五六千个。

汉字大约产生于四千多年以前。它走过了一个漫长的、非常神妙的道路,中间经过了许多演变和进化,直到今天。

汉字是人类创造的,并为人类做出了贡献。在历史的长河中,它具有辉煌的功绩，是它保存和传播了祖国丰富的民族文化，是它交流了科学技术的信息，促进了人类社会的发展。比如，在两千多年前，就产生了我国最早的一部诗歌总集—《诗经》，原来只称《诗》，后来称为《诗经》。它编成于我国的春秋时代。

还比如，汉朝伟大的历史学家司马迁所写的《史记》，唐代李白、杜甫、白居易等人的诗，以及历朝历代的科学、哲学的著作，都是用汉字记录保存下来，并且传播到世界各地的。

汉字除了使用的历史长以外，还有一个特点，就是使用的人口多。我国有 12 亿人，汉族占 90% 以上，一部分少数民族也说汉语、用汉字。

由于汉字是由线条组成的方块形，因此，从古至今，有许多人认为汉字书法是一种很优美的艺术。我国历代出现了许多著名的书法家。比如，王羲之、颜真卿、柳公权、欧阳询、赵孟頫（fǔ）等人。他们的书法艺术挺拔秀劲，是我国艺苑中的珍品。

所以说，汉字在中国历史上，曾有过很大的功劳。它在生产和生活中，为中华民族服务了几千年，而且现今和以后它仍将继续为我们和子子孙孙服务。

汉字的产生、发展和演变，历经甲骨文、金文、篆书、隶书、草书、楷书和行书，有着一条神妙的足迹。

二、传说中的仓颉造字

一直以来,人们都相信仓颉创制汉字的传说,仓颉实际上是黄帝时代的史官。有关仓颉造字的故事和传说有很多很多,但是也有很多人认为,汉字这样复杂的文字体系不可能是由一个人创制出来的,汉字应该是劳动人民经过长期的实践积累经验而集体创制出来的。

仓颉造字的故事

传说在远古时代,有一次,黄帝的军队和蚩尤的军队交战,双方打得难分难解,胜负难分。于是黄帝准备改变战术,他命手下的一个大臣叫仓颉的把作战图拿来,仓颉却发现身上带的作战地图早已丢失。黄帝又气又急,只好暂且收兵回营。

后来仓颉向黄帝建议说:"黄帝,现如今事多人杂,又要经常出去打仗,用结绳记事、刻木为号的传令办法实在无以为继。照这样发展下去的话,以后还会出更大的乱子的。"黄帝就问他解决的办法。仓颉说:"我想要发明一种图,天下人一看,就都能明白是什么意思。用这种图把您所说的话都画出来,人们就都会照您的意思去做了。"黄帝觉得他说的话很有道理,于是命令仓颉研究图画造字。

那么图和字该怎么造呢?仓颉整天冥思苦想,过了很长时间也没有想出造字的

黄帝像

办法来。一天夜里，下了一场大雪。仓颉一早起来便到山上去打猎，只见漫山遍野白雪皑皑，山川树木全被大雪覆盖。仓颉翻过一座山，也没有见到一只猎物，他正准备下山回去，突然从树林里窜出两只山鸡，在雪地里觅食。山鸡走过后，在雪地上留下了两行长长的爪印。接着，又有两只小鹿也在雪地里走了一会儿，又留下了清晰的蹄印。仓颉若有所思：他把山鸡的爪印和小鹿的蹄印一对比，发现形状不一样。这一下子便启发了仓颉：把鸡爪印画出来就叫鸡，

仓颉

把鹿蹄印画出来就叫鹿。只要把世界上每种东西的象形画出来不就成了大家都认识的一种标记了吗？想到这里，仓颉欣喜若狂，回去后就把他的这个想法报告给了黄帝。黄帝听后笑着说："很好！你就把天下的山川日月、飞禽走兽、万事万物都按照象形造出字来，我把它们颁布天下。"从这以后，仓颉每日仰观日月星辰，俯察鸟兽山川，创造他的象形文字。不久，人、手、日、月、星、牛、马、羊、犬、鸡等字都造出来了。可是象形文字越造越多，应该在什么样的载体上保存呢？写在石头上拿不动，写在木板上又太笨重，写在兽皮上也不合适，这个问题又把仓颉给难住了。一天，一个人在河边捉住了一只大龟，请仓颉给它造字。仓颉便照龟的象形，造了个"龟"字。造字之后，他就把字刻在龟背上的方格子里，龟由于背上刻字感到疼痛，便乘人不注意，爬进河里逃跑了。三年以后，这只背上刻字的龟，在另一个地方又被人捉住。人们告诉仓颉，刻在龟背的字迹仍然很明显。

从此以后，仓颉就命人捉到龟以后把龟壳都取下来，他把自己造出的所有象形文字都刻在龟壳的方格子里，然后用绳子将它们串起来，送给黄帝。黄帝看了以后很高兴，命人珍藏起来，并给仓颉记了一大功。

文献中记载的仓颉造字

"仓颉造字"是先秦时人们对汉字起源的一种传说。这一传说最早见于文献记载的是《荀子·解蔽篇》，书中说："故好书者众矣，而仓颉独专者，一也。"大意是说当时有好多人都从事造字，只是由于仓颉志向专一，做出了较大的成绩，故而得到独传。但在晚于《荀子》的《韩非子》、《吕氏春秋》等书中则不言"好书者众"，而只讲"仓颉作书"了。尤其到了汉代，《淮南子》《论衡》等书不仅讲"仓颉造字"，而且还说"仓颉四目"，"仓颉作书而天雨粟，鬼夜哭"，已近乎神奇。更有甚者，如汉代纬书《春秋元命苞》则谓其："生而能书，及受河图洛书，于是穷天地之变，仰视奎星圜曲之势，俯察鱼文鸟羽、山川指掌而创文字。"这一传说愈演愈奇。把前人的传说吸收后加以整理，并写入早期汉字专书里的是东汉时的许慎，他在《说文解字·叙》里说："及神农氏结绳为治而统其事，庶业其繁，饰伪萌生。黄帝之史仓颉见鸟兽蹄迒（háng，痕迹）之迹，知分理之可相别异也，初造书契。"又说："仓颉之初作书，盖依类象形。"《文心雕龙·练字》沿袭了许慎的说法，创造了"文象立而结绳移，鸟迹明而书契作"之千古名句。关于仓颉造字的传说在历史上影响很大，直至清代仍然有人崇信这一传说。但就目前所能见到的数以千计的古汉字形体来说，学者们研究认为仓颉造字说并无任何科学根据，汉字的产生绝非一人一时所能创造，而是广大群众集体智慧的结晶，是他们在长期的生产劳动和生活实践中因时因地不断地观察、思考和创造，并经过若干年代的积累而产生的，决不是什么天授神意或出于某个"圣人"的灵感。如果说仓颉对汉字的发展起过作用的话，最多也只能是当初参加整理文字的"好书者众"中之一。

三、语言的来历

我们想要了解文字是怎样产生的,首先就要了解语言是怎样产生的,语言和文字密不可分。了解了关于语言产生来源的种种猜想,我们对文字的起源就会有更加深刻的认识。

(一)神授说和手势说

神授说认为语言是上天或神赐予人类的,是神秘莫测的事物。

有很多历史和传说可以用来证明这种观点:在我国苗族的民间传说中则说是山神创造了人,并传授给他们语言。

神授说的产生,实质上是因为在当时科技文化水平极其低下的条件下,人们无法解释语言这种奇妙的现象是如何产生的,因此只得将其归之于神的恩赐。除此之外,迄今为止我们对于语言中的某些现象仍然无法研究清楚,这也增加了语言的神秘性,所以不仅仅是在宗教领域,在其他领域里也有人比较赞同语言神授说的说法。

语言的手势说则认为语言起源于人们用手势进行沟通和交流的情境。我们相信,在人类使用有声语言之前应该经过一个手势语言的阶段,在这个阶段人们运用手势或者肢体语言进行沟通和交流,起到了一定的效果。直到现在,人们在沟通和交流的过程中仍然会运用到手势语言和肢体语言,并且有时候这种方式能够产生有声语言无法产生的效果。语言的手势起源说虽然有一定的科学道理,但是仍然无法解释手势语言是如何发展为后来的有声语言的。

(二)摹声说、感叹说和社会契约说

语言的摹声起源说认为语言起源于人类对自然界各种声音的模仿。

最初,人类是没有语言的,但是现在我们很难解释究竟是什么样的灵感或者外部动力使得人们开始发声,语言摹声说在这里给了我们一种思路。但是这种观点只能解释摹声词的产生,却无法从根本上说明人类语言的起源问题。

语言的感叹起源说认为,人类的有声语言是从抒发感情的各种叫喊声中演变而来的。人生而能够发出各种感叹,这似乎是一种本能。人们长时间地有表达自己的情感的需要,而简单的叫喊声已经远远不能满足这种要求,所以语言也就因此应运而生。但是我们仍要看到,感叹起源说无法解释叹词是如何发展成具有理性意义的其他词语的。

语言的社会契约说认为语言起源于人们彼此的相互约定。人类最初进行简单的生产活动就需要彼此的协作,而在协作过程中人与人需要沟通,这时候语言就应运而生了。而语言的一个很重要的规则就是它的约定俗成性,但是这种约定俗成的过程是非常漫长而且复杂的。语言的社会契约说注意到了语言的社会属性和语言符号的任意性,但还是无法解释在没有语言的情况下人们是如何彼此约定的。

(三)劳动起源说

鲁迅先生曾经对文学的起源发表过自己的观点:"我们的祖先的原始人,原是连话都不会说的,为了共同劳作,必须发表意见,才渐渐地练出复杂的声音来,假如那时大家抬木头,都觉得吃力了,却想不到发表,其中一个叫到'杭育杭育',那么,这就是创作……是'杭育杭育派'"。其实在这里,鲁迅先生也是支持着一种语言的"劳动起源说"。正是由于人们"觉得吃力了",所以才会期待向一起劳作的同伴发出某种信号,这种信号在这里就是鲁迅先生所说的"杭育杭育",这个口号实际上可能就是语言的起源。

相对应的,很多人认为,语言也是起源于人类的劳动的。人类的有声语言从人的劳动叫喊声发展而来。这种观点注意到了语言起源和劳动的关系,但是无法解释劳动号子是如何发展为语言的。

　　恩格斯说:"语言是从劳动中并和劳动一起产生的……"劳动本身提出了产生语言的社会需要;为语言的产生提供了心理和生理上的条件。劳动的过程也改善了原始人类的发音器官,为语言的产生提供了必要的生理条件。实际上我们可以看到,劳动的观点贯穿于马克思主义思想的始终。他认为劳动贯穿于人类各种活动的始终,有了生产劳动,人类也就有了各种各样的需要和问题,有了问题人类就要想尽办法去解决。在解决问题的过程中,人类创造了语言、教育等。可以说恩格斯对语言起源问题的论述已经是相当全面了。

四、文字的起源

用文字来记录语言,实际上就是设计一套符号用于书写语言。这个问题从现在来看好像并不复杂,但是人类为了创造文字付出了辛勤的探索。有关文字的起源,曾经有过多种多样的传说。

(一)结绳记事说

"结绳记事"是先秦时代人们对汉字起源的一种猜想。在汉字产生以前,我国古代曾有过用结绳来帮助记事的阶段。这一传说最早的记载见于《易经·系辞》,《系辞》下说:"上古结绳而治,后世圣人易之以书契。百官以治,万民以察,盖取诸《夬》。"《庄子·胠箧篇》中也说:"昔者容成氏、大庭氏、伯皇氏、中央氏、栗陆氏、骊畜氏、轩辕氏、赫胥氏、尊卢氏、祝融氏、伏羲氏、神农氏,当是时也,民结绳而用之。"之后,《汉书·艺文志》、许慎《说文解字·序》皆承此说,从《庄子》的记载来看,上古有很长一段时期都是用结绳来帮助记事的。

仰韶文化彩陶片

那么用结绳来帮助记事在日常生活中是如何具体施行的呢?《周易正义》引《虞郑九家义》是这样解释的:"古者无文字,其有约誓之事,事大大结其绳,事小小结其绳,结之多少,随物众寡,各执以相考,亦足以相治也。"据记载,在古埃及、古波斯、古代日本都曾有过结绳记事之事。据人类学家和民俗学家的考察,在近代的美洲、非洲、大洋洲的土著人,以及我国的藏族、高山族、独龙族、哈尼族等少数民族也都曾有过用结绳记事的风俗。这些都表明,结绳记事是历史的事实。先秦时,人们把结绳记事与文字的起源联系在一起,是因为人类创造结绳记事的方法与发明文字的想法是一致的。先秦人对汉字起源的猜想,确实也蕴含了某些合理的因素,但结绳记事和文字毕竟还是两回事。据现代文字学家研究认为:在文字产生以前,人们利用结绳的方法来帮助记事,处理日常生活中的一些事务是完全可能的。但结绳只能帮助记忆,或作为表示某种简单事务的标记,而不能用来表达感情或交流思想;只能作为备忘的记号,而不能成为记录语言和传播语言的工具。所以结绳记事和文字是两回事,既不是相生关系,也不是因袭关系,二者不能同日而语。

(二)文字与图画

图画和文字的关系非常密切,某些图画实际上可以看作是文字的原始状态。图画文字是文字的雏形,某些图画性质的文字也可以称为原始文字。图画文字是在文字画的基础上发展起来的,它与语言有着直接的联系,记录了语言中词的声音和意义。

当然图画文字和文字画还是有区别的,前者与语言有直接的联系,图画记录了语言中词的声音和意义,后者则没有这个特点。

1954年,在我国陕西西安半坡仰韶文化遗址中出土了很多新石器时代的陶片。半坡遗址是新石器时代仰韶文化的典型,仰韶文化以红质黑纹的彩陶作为特征,这些陶片上刻着类似于文字的符号。经古文字学家研究,认为这种符号就是汉字的一种原始形态——"陶文"。

1959 年在山东大汶河两岸的宁阳县堡头村和泰安大汶口附近发现了一些古陶器,其中刻有文字符号,被称之为大汶口文化。虽然在陶器上只发现六个文字,但它反映出很多事实,足以证明我国在 5000 年前已经使用文字了。

陶文是中国古代刻写或模印在陶土制品上的文字符号,中国古代最早出现的铭刻符号,是研究中国文字起源最重要的实物资料之一。在新石器时期的仰韶文化、龙山文化、马家窑文化等考古遗址中都曾经发现过有墨写或刻画记号的陶器,这些符

大汶口陶文

号可能是用来记数或记事的。近年来,在山东省邹平县丁公龙山文化遗址曾发现一件有 11 个刻画符号的陶盆残片,有人将它看作是中国现存的最早的文字。砖、瓦、陶器上的文字大多记录制作者或所有者的籍贯、身份、姓名与制作数量、器名等,具有"物勒工名"的性质。秦汉时期,还出现过用残砖瓦刻写铭文放置在墓中的陶文,类似后世使用的石墓志。汉代墓中出土过写有符篆的陶罐,用于宗教。东汉至南朝时期流行模印文字墓砖,陶文内容为纪年、墓主的姓名和吉语等。南北朝隋唐时期,在中原的部分墓葬中发现有砖上刻写的墓志。这种砖墓志在新疆维吾尔自治区的古高昌国地区十分普遍。在砖、瓦上模印、刻写制作者籍贯、姓名等文字的习俗长期持续,至明清仍然存在。

战国时期的陶文是古文字研究中的一批重要资料,现在发现的战国陶文以齐国、秦国、燕国的文字材料居多,三晋的陶文也有部分出土发

现。它们的文字形体具有一定的国别特点，各国常见的铭文程式也有所不同，其中大部分文字可以解释，也有一些文字仍待考证。主要文例如："王孙陈棱立事岁，左里敀（pò）亳区（齐国陶文）"、"西酷里陈何（齐国陶文）"、"公釜（齐国陶文）"、"工乘（燕国陶文）"、"十年八月，右贺（燕国陶文）"、"咸亭右里道器（秦国陶文）"、"咸巨阳鬲（秦国陶文）"等。有关战国陶文的主要著录有《上陶室专瓦文攈》、《簠斋藏陶》、《铁云藏陶》、《邹滕古陶文字》、《古陶文汇编》、《季木藏陶》等。

（三）契刻起源说

"契刻"是远古人类在结绳记事的基础上创造的用于帮助记忆数字的一种方法，"契"字在这里作为动词，《释名》上说："契，刻也，刻识其数也。"由于数字在古代记忆起来比较困难，所以把数字刻在木头上以作为一种信约。由于古代文献的大量记载，如《管子·轻重甲》、《列子·说符》、《曲礼》、《易林》等，使得文字学家们对文字"契刻起源说"给予了适当肯定，认为契

伏羲

刻的"约定俗成"的性质已经十分接近文字符号，已经带有书写的性质，然而对于它是否真的是文字的源头，很多人还是持怀疑态度，虽然有人推测汉字的一、二、三、四、五、六、七、八，这 8 个数字来源于契刻，但并不能有力地说明契刻就是汉字的源头。不可否认的是，契刻的符号与汉字是相当接近的，契刻服从于交际需要，具有"约定俗成"的特征，从认知学的角度上讲，远古人类的简单思维已经创造了奇迹。实际上，刻画符号

与人类思维具有直接的联系。为了使自己能够保存对事物的直观认识，于是远古的人类就要借助一定的形式（刻画）来实现，刻画出的符号就指代现实中的事物。若我们把远古人类为保存原始记忆的意图叫做"意"的话，那么通过心理加工，其生成的图像也就是刻画的符号就可以叫作"象"。虽然这些刻画符号并没有固定的语音形式，但没有语音并不妨碍小范围的交流，并不影响超越时空限制的记忆；虽然那个时代所记忆的内容还十分有限，只限于简单的具体的事物，但"约定俗成"的性质和工具的职能足以证明它在文字产生之前的重要性，如果把契刻作为次要来源来考虑，并不过分。

五、河图、洛书来源说

河图洛书的传说充满了神秘的色彩,后世研究河图、洛书的人层出不穷。这里对河图和洛书进行了一些最基本的介绍,让我们共同走进河图、洛书的世界吧!

(一)河图、洛书简说

河图和洛书,是来自上古时代的中国传统易理哲学中的图案,曾经被广泛应用于易经、五行、风水、子平八字、紫微斗数、择日等占卜学中。

相传上古伏羲氏的时候,今河南洛阳东北孟津县境内的黄河中浮出龙马,背负"河图",献给伏羲。伏羲依据此图而演成八卦,后来经过逐渐地系统化而成为《周易》。又相传,大禹的时候,洛阳西洛宁县洛河中浮出神龟,背驮"洛书",献给大禹。大禹依此图而治水成功,接着将天下划分为九州。又依照此图定九章大法,治理社会,流传下来收入《尚书》中,名《洪范》。《周易·系辞上》中说:"河出图,洛出书,圣人则之",这句话的意思就是说黄河中出现了"河图",洛河中出现了"洛书",圣人按照这两本书来行事。

河图上排列着成数阵的黑点和白点,其中蕴含着无穷的奥秘;洛书中的纵、横、斜三条线上的三个数字,其相加之和皆等于 15,十分玄妙。对于这种情况,中外学者作了长期的探索研究,认为"河图"和"洛书"是中国先民思维的结晶,是中国古代文明的一座里程碑。《周易》和《洪范》两书,在中华文化的发展史上有着极其重要的地位,在哲学、政治学、伦理学、军事学、文学、美学诸领域产生了深远的影响。

近代研究中国传统文化的学者,对河图和洛书主要有以下几种观点：

有人认为可能来源于中国古代的占星学；也有人认为可能来源于道家的养生术；还有人认为应该是结合于阴阳五行、地理风水的观测与数学的融合理论；有人认为河图应该来源于《周易·系辞传》中的"天地生成之数"的说法；更有甚者，有人认为河图洛书来自于外星人文明。

(二)河图的图式

河图以十个数字合阴阳、五方、五行、天地之象。图式中以白圈为天，为阳，为奇数；以黑点为阴，为地，为偶数。并以天地合五方，以阴阳合五行，所以河图结构分布为：

一与六共宗居北方，形成"天一生水，地六成之"的形势；二与七为朋居南方，形成"地二生火，天七成之"的形势；三与八为友居东方，形成"天三生木，地八成之"的形势；四与九为同道居西方，形成"地四生金，天九成之"的形势；五与十相守居中央，形成"天五生土，地十成之"的形势。河图是根据五星出没的时节而绘成的。

五星古称五纬，指的是天上的五颗行星，木星被称作岁星，火星被称作荧惑星，土星被称作镇星，金星被称作太白星，水星被称作辰星。五行运行，以二十八宿作为区划，由于它的轨道距离日道不远，所以古人用它来记日。五星一般按照木火土金水的顺序，相继出现在北极的天空，每星各运行 72 天，五星运行一个周天 360 度。由此可见，河图是依据五星出没的天象而绘制的，这也是五行的来源。

在每年的公历 12 月冬至以前，水星在北方出现，这时候正是冬气交令，万物蛰伏

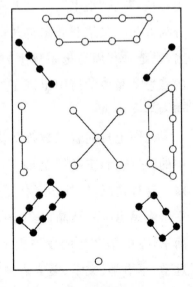

河图

的时节,地面上唯有冰雪和水,水行的概念就是这样形成的。

　　在每年的公历 6 月夏至以后,火星在南方出现,这时候正是夏气交令,地面上一片炎热,火行的概念就是这样形成的。

　　在每年的公历 3 月春分以后,木星在东方出现,这个时候正当春气当令,草木萌芽生长,所谓"春到人间草木知",木行的概念就是这样形成的。

　　在每年的公历 9 月秋分以后,金星出现在西方,古代多用来代表兵器,以示秋天杀伐之气当令,万物凋谢,金行由此而成。

　　在每年的公历 5 月,土星出现在中天,表示长夏湿土之气当令,木火金水皆以此为中点,木火金水引起的四时气候变化,皆能够从地面上观测出来,土行的概念就是这样形成的。

(三)洛书

　　洛书,古称龟书,传说有神龟在洛水中出现,它的甲壳上有此图像。其结构是"戴九履一,左三右七,二四为肩,六八为足,以五居中",五方白圈皆阳数,四隅黑点为阴数。

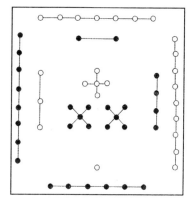

洛书

　　前人曾经指出,洛书上的数字是根据太一的九宫而来,以四十五个数演绎星斗的像数。九宫八风图配合八风、八卦,中央一宫(即洛书的中宫),成为周围八宫的核心。古人观测天象的时候,认为北极星(太乙)之位永远居北方,所以把北极星作为中心和定位其他星的标准。九宫是根据北斗斗柄所指的方向,从天体中找出九个方位上最明亮的星作为标志,这样便于配合斗柄以辨别方向、确定位置。这样看起来,九星的方位和数目,就是洛书的方位和数目。

　　前人指出,"体为北极,用在北斗,以斗为帝车",之所以把北斗作为北极帝星所乘之车，那是因为北斗星绕北极星而旋转，就是北极帝星乘车临御八方之象。若根据斗柄旋指的八宫方位，便能推知四时八节的气象变化情况，也就是说，九宫的"九"代表了不同的时序。

洛书中的九宫数，以一、三、七、九为奇数，亦称为阳数；二、四、六、八为偶数，亦称为阴数。阳数为主，位居四正，代表天空之气；阴数为辅，位居四隅，代表地上之气；五居中，属土气，为五行生数之祖，位居中宫，寄旺四隅。由此可以得出三点结论：首先，洛书中的九宫是由观测北斗星的斗柄而形成的。其次，可以看出洛书九宫与八卦的阴阳变化有着密切的关系。最后，阐明了"太一游宫"引起的四时、八节及二十四节气的节令转移和气象变化。

(四)洛书的来源

目前，学术界公认的中国古代第一次记载河图、洛书的文献是西周初期的《尚书·顾命》篇。据书中记载：周武王之子周成王执政 22 年后因病去世，西周史官在周成王之子周康王于文王太庙大室中举行的继位典礼中看到："越玉、五重、陈宝、赤刀、大训、弘璧、琬琰在西序；大玉、夷玉、天球、河图、洛书在东序"(《尚书大传》)。《今古文尚书全译》对这段文字注释道："越玉、陈宝、弘璧、琬琰、大玉、夷玉和天球，均为不同产地的宝玉；序，墙也；赤刀，为周武王伐纣时用的刀，赤色，周正色也；大训，为记载先王训诫的典籍；河图、洛书，为古代地图、书籍。"(见张赞恭《河图洛书不能随意否定》)那么"洛书"究竟是在什么样的情况下得到的呢？

周康王致敬神

大体有如下三种说法：其一，伏羲说。《辞海》在解释"河图洛书"一词时说："传说伏羲氏时有龙马从黄河出现，背负'河图'；有神龟从洛水出现，背负'洛书'。伏羲根据这种'图'、'书'画成八卦，就是后来《周易》的来源。"这种观点认为河图、洛书的出现是伏羲时候的事情。

其二，黄帝、仓颉说。《史记音义》云："黄帝东巡河过洛，修坛沉璧，受龙图于河，龟书于洛。"《水经注·洛水条》引《地记》说："洛水东入于中提山间，东流汇于伊是也。昔黄帝之时，天大雾三日，帝游洛水之上，见大鱼，煞五牲以醮（jiào）之；天乃甚雨，七日七夜，鱼流始得图书。"南朝梁文学家沈约《宋书》说："黄帝坐于玄沪、洛水之上，有凤凰衔图置帝前。"罗苹注《河图玉版》云："仓颉为帝南巡，登阳虚之山，临于玄沪洛汭之水，灵龟负书，丹甲青文以授之。"这种观点认为，河图洛书是黄帝仓颉时候产生的。

其三，大禹说。《辞海》在解释"河图洛书"一词时又说："一说禹治洪水时，上帝赐给他以《洪范九畴》（《尚书·洪范》）。刘歆认为《洪范》即洛书。"《后汉书·五行志》载："禹治洪水，得赐'洛书'，法而陈之，《洪范》是也。"又《汉孔安国传》载："天与禹洛出书。神龟负文而出，列于背，有数至于九。禹遂因而第之，以成九类常道。"这种观点认为，河图洛书是大禹时代产生的。

六、八卦推衍出来的文字符号

八卦是中华文化中最有代表性质的文化符号之一，它到现在依然显得很神秘。它是一套按照严密的逻辑推断出的一些结论，其中包含了我们祖先的智慧。

（一）八卦简说

八卦是中国古代的一套有象征意义的符号。它用"—"代表阳，用"——"代表阴，用三个这样的符号，组合形成八种形式，衍化成我们现在所看到的八卦。每一个卦形代表一定的事物。乾代表天，坤代表地，坎代表水，离代表火，震代表雷，艮（gèn）代表山，巽（xùn）代表风，兑代表沼泽。八卦互相组合又得到六十四卦，用来象征各种自然现象和人事。《周易》里对八卦所代表的意义进行了详尽的叙述。八卦相传是伏羲所造，后来用于占卜。

八卦也是中国古代哲学的基本概念，其来源有二：

一方面是中国古代的阴阳学说。《周易》中有所谓"无极生有极，有极生太极，太极生两仪（即阴阳），两仪生四象（即少阳、太阳、少阴、太阴），四象演八卦，八八六十四卦"，这就是我们一般所说的伏羲八卦，也叫先天八卦。

另一方面是周文王的乾坤学说。他认为先有天地，随后天地相交而生成万物，天就是乾，地就是坤，八卦其余六卦皆为其子女：震为长男，坎为中男，艮为少男；巽为长女，离为中女，兑为少女，这就是文王八卦，又称后天八卦。

八卦符号通常与太极图搭配出现，代表中国传统文化的终极概念——"道"。

宋代朱熹写了一首帮助儿童来记住八卦符号的歌诀：

乾三连，坤六断；震仰盂，艮覆碗；离中虚，坎中满；兑上缺，巽下断。

(二)八卦代表的符号

乾卦为天卦象：☰

《周易》书影

乾卦阳刚，意谓刚健、自强不息。乾六爻皆盈，故圆满、亨通，有成功、重大之意。但刚多易折，隐含欠安之象。

坤卦为地卦象：☷

坤卦阴柔，意谓厚载万物、运行不息而前行无疆，有顺畅之象。坤六爻皆虚，断有破裂之象，代表阴暗、陷害、静止。

坎卦为水卦象：☵

坎卦意味二坎相重，阳陷阴中，有险陷之意，险上加险，重重险难，代表人生历程曲折坎坷。

震卦为雷卦象：☳

震卦重雷交叠，相与往来，意谓震惊、警惕、再三思考、好动，代表能够建功立业、声名大振。

艮卦为山卦象：☶

艮卦山外有山，山相连。意谓不动、停止、静止、克制、沉稳、稳定。

巽卦为风卦象：☴

巽卦"柔而又柔，前风往而后风复兴，相随不息，柔和如春风，随风而顺"，意谓活跃、坐不住、静不下来。

离卦为火卦象：☲

离卦离明两重，光明绚丽，意谓离散、离开、分离。

兑卦为泽卦象:☱

兑卦喜悦可见,快乐照临人,口若悬河,善言喜说。

(三)关于伏羲的种种传说

伏羲是传说中中华文明的始祖,被尊称为"三皇"之首。

相传,伏羲的母亲华胥氏是一个非常美丽的女子。有一天,她去雷泽郊游,在游玩途中发现了一个很大的脚印。出于好奇,她将自己的脚踏在大脚印上,之后便立刻有种被蛇缠身的感觉,后来就有了身孕。而令人惊奇的是,她这一怀孕就怀了12年。后来就生下了一个人首蛇身的孩子,这就是后来的伏羲。当地的人为了纪念伏羲在这里诞生,特将此地的地名改为成纪,因为古代的时候人们把12年作为一纪。据专家考证,古成纪就是今天的甘肃天水。《汉书》中说:"成纪属汉阳郡,汉阳郡即天水郡也。古帝伏羲氏所生之地。"所以,甘肃的天水历来被称为"羲皇故里"。

根据当地的民间传说和历史典籍的记载,作为人类文明始祖,伏羲的主要功绩是:

教百姓作网用于捕鱼,大大地提高了当时的社会生产能力。同时他教百姓驯养野兽,这也就是家畜的由来。

伏羲还变革了婚姻习俗,倡导男女之间的婚俗礼节,使血缘婚改为族外婚,结束了长期以来,子女只知其母不知其父的原始群婚状态。

伏羲始造书契,用于记事,取代了以往结绳记事的原始状态。

他还发明陶埙、琴瑟等乐器,创作乐曲歌谣,将音乐带入人们的生活,帮助人们"修身理性,返其天真"。

伏羲将其统治地域分而治之,而且任命官员进行社会管理,为后代治理社会提供借鉴。

伏羲还制定了古代的历法。

(四)关于伏羲创制八卦的故事

伏羲的最大功绩是创立了八卦。

在甘肃天水北道区渭南乡西部,有一座卦台山,相传这里就是伏羲演八卦的地方。传说在伏羲生活的时候,人们对于大自然的种种奥秘还一无所知,每当下雨刮风、电闪雷鸣的年代,人们既困惑又害怕。天生有慧根的伏羲想把这一切都搞清楚,于是他经常站在卦台山上,仰观天上的日月星辰,俯察周围的地理环境,有时还研究飞禽走兽的脚印和其身上的花纹。

一天,他又像往常一样来到了卦台山上,苦苦地思索自己长期以来观察的现象。突然,他听到一声奇怪的吼声,只见卦台山对面的山洞里突然跃出一匹龙马。这个动物长着龙头马身,身上还有着非常奇特的花纹。这匹龙马飞身一跃就到了卦台山下渭水河中的一块巨石上,这块石头形如太极,配合龙马身上的花纹,使伏羲顿时若有所悟,于是他画出了八卦图形。

伏羲八卦

后来,那匹龙马所跃出的山洞被当地人称为龙马洞,渭水河中的那块巨石就叫作分心石。现在我们去卦台山,还能看到这些地方。而且,龙马洞里还有石槽和石床的遗迹。

　　至于八卦的功绩,在于它博大精深的文化内涵。而以它为特征的伏羲文化,到现在仍吸引着国内外无数的专家、学者在探索和研究。据说,德国大数学家莱布尼茨发明二进制的过程也受到了八卦的启发。

七、图腾

几乎每个民族在原始社会时期都有自己的图腾形象,中华民族当然也不例外。汉族的主要图腾是龙,而中国境内其他的少数民族很多也有自己的图腾文化。

(一)图腾文化

"图腾"来源于印第安语"Totem"一词,意思是"它的亲属"或"它的标记"。在原始人类的信仰体系中,认为本氏族人都源于某种特定的物种。大多数情况下,原始人会认为他们与某种动物具有某种亲缘关系,于是,图腾信仰便与祖先崇拜产生了关系。在许多图腾神话当中,很多人认为自己的祖先就来源于某种动物或植物,或是与某种动物或植物发生过亲缘关系,于是这种动物或植

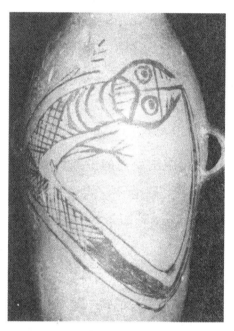

彩陶瓶绘鲵鱼纹

物便成了这个民族最古老的祖先。例如,"天命玄鸟,降而生商。"(《史记》)这里所提到的玄鸟便成为商族的图腾。因此,与其说图腾崇拜是对动物或者植物的崇拜,还不如说是对他们祖先的崇拜。图腾与氏族的亲缘关系常常通过该氏族的起源神话和称呼体现出来。如鄂伦春族称公

熊为"雅亚",意为祖父,称母熊为"太帖",意为祖母。鄂温克族人称公熊为"和克",意为祖父,母熊为"恶我",意为祖母。

"Totem"的第二个意思是"标志"。也就是说,图腾也能起到某种标志的作用。图腾标志在原始社会中起着重要的作用,它是最早的社会组织的标志和象征。它具有密切血缘关系、团结群体、互相区别、维系社会组织的职能。同时通过图腾标志,使得族人能够得到图腾的认同,受到图腾的保护。

图腾标志最典型的就是图腾柱,在印第安人的部落中,我们经常能够看到图腾柱。在中国东南沿海地区的考古发掘中,也发现有鸟图腾柱。浙江绍兴曾经出土过一个战国时的古越人铜质房屋模型,屋顶立着一个图腾柱,柱顶塑一只大尾鸠。故宫索伦杆顶端也立有一只神鸟,古代朝鲜族的每一个村落村口都立有一根鸟杆,这都是由图腾柱演变而来的。

(二)中国境内的少数民族图腾

匈奴有狼图腾的传说,见于《魏书·高车传》。史书上说,曾经有一个匈奴的单于有两个女儿,长得都很漂亮,这个国家的老百姓都觉得这两个女儿像仙人,单于听到这种说法,说:"我有这样的女儿哪能够许配给人啊,我将要把她们许配给天。"于是单于就筑起了一个高台,把他的两个女儿放在上面,说"请天上的仙人自己来迎娶她们"。过了四年,来了一只老狼,昼夜不停地在高台周围嚎叫。单于的小女儿说:"我的父亲让我在此,等待天上的仙人来迎娶我,现在这只狼来到这里,也许这就是天上的神仙派它来的。"于是她走下高台成为老狼的妻子,并产下了一个孩子。后来逐渐地繁衍后代,发展成了一个国家,所以匈奴人喜好唱歌,就好像狼嚎一样。

侗族民间有传说,其始祖母与一条大花蛇生下一男一女,滋生繁衍成为侗族的祖先。

瑶族、苗族、畲（shē）族有盘瓠（hù）的传说。

在我国的少数民族畲族中广泛流传着含有与苗、瑶相类似的南蛮意识的"盘瓠"的传说：新石器时代的高辛氏（即帝喾）时期，刘氏皇后晚上做梦，天降娄金狗在凡间托生，醒来后发觉耳内疼痛，于是就招来一个名医诊治，医生从其耳中取出一条三寸长的奇异的虫子，以玉盘贮养，以瓠叶为盖，一日长一寸，身长一丈二，形似凤凰，取名麟狗，号称盘瓠，其身纹锦绣，头上有二十四个黄色斑点。其时犬戎兴兵来犯，皇帝下诏求贤，提出把三公主嫁给能斩番王头的人。盘瓠揭榜后就前往敌国，乘番王酒醉，咬断其头，回国献给高辛帝。高辛帝因他是犬而想悔婚。盘瓠作人语说："将我放在金钟内，七昼夜可变人形。"七昼夜后，盘瓠果真变为人形。于是盘瓠与公主结为夫妻。婚后，公主随盘瓠到深山中居住，以狩猎和山耕为生。畲族人民世代相传和歌颂始祖盘瓠的功绩。盘瓠由此成为畲族的图腾崇拜。畲族先民以拟人化的手法，把盘瓠描塑成神奇、机智、勇敢的民族英雄，尊崇其为畲族的始祖。

（三）龙图腾所代表的符号意义

龙是中国神话中的一种能兴云雨、利万物的神异动物，传说龙能隐能显，春风时登天，秋风时潜渊。它又能兴云致雨，为四灵之首。后来龙图腾成为皇权的象征、皇帝的专属。历代帝王都自命为真龙天子，其御用的器物也以龙作为装饰。

《山海经》记载，夏后启、蓐（rù）收、句（gōu）芒等都曾自称"乘雨龙"。另有记载说"颛顼乘龙至四海"、"帝喾春夏乘龙"。文献记载龙可以分为四种：有鳞的称为蛟龙；有翼的称为应龙；有角的叫螭龙，无角的叫虬龙。经过漫长的历史演变，龙的形象已渗透中国社会的方方面面，成了中国的象征、中华民族的象征、中国文化的象征。对每一个炎黄子孙来说，龙的形象已经演变成一种符号、一种血肉相连的情感,中国人自称为"龙的传人"。龙的文化除了在中国国内传播承继以外,还被海外的华人带到了世界各地。在海外的华人居住区内,最引人注目的饰物仍然是龙。

"龙"在英文中一般翻译为"Dragon",不过西方文化中的"Dragon"与中国传统的龙除了形象有一些相似之处以外,其象征意义和文化背景的差别都很大。西方的"Dragon"一般带有邪恶的意味,而中国的龙很显然是一种瑞兽。为了避免这种混淆,有学者提出,把中国的"龙"的英文翻译改为发音与汉语接近的"loong"。而且以"犭"或"飞"与"龙"字结合为新字代替现在的龙,但目前这种观点尚未得到广泛的认可。

八、王懿荣与甲骨文

甲骨文是我们现今发现的、我国最早的比较成熟的文字,它是在清光绪二十五年(1899年)被古董商、金石学家王懿荣发现并识别的。清朝时,在河南省安阳市西北五里有一个小屯村。这个村的村民在翻地时,常常挖出甲骨来。他们并不认识这是甲骨,只当做"龟板"或是"龙骨"卖给药铺,或自己研成细末做药用。

有的地方挖出来许多,就用它来填塞枯井,谁也没有重视它。

有一个江苏丹徒人,叫刘鹗,字铁云,别号老残。这个人,少年聪敏,读书而不愿考科举。后来,他穷困交加,深深地感受到了社会的冷遇。为了生活,他自学医道。一年之后,他离家到了上海,挂牌行医。行医时间不长,因为他人排挤,加之他医术并不精良,又改做商人。行商不久,他更加没有勇气,赔尽了本钱,没有办法,只好到处游荡。光绪十四年(1888年),黄河发大水,郑州沿河决堤。他投奔了治河的官员,帮助治河。由于他肯于卖力,又有些聪明,深得长官欢心,被知府任用。后来他又漫游到北京,在北京住了二年。他以贱价买了外国人的粮食,再发放到灾区赈济灾民,救活了许多人。但是,官场中有人嫉妒他,反告他私售仓谷,被皇上治罪,发配到新疆,不久死在那里。

刘鹗在北京写他的游记小说《老残游记》的时候,住在一个老家山东、在北京做官,名叫王懿荣的人的家里。

这个王懿荣身体有病,正吃草药。按着药单子到菜市口达仁堂抓药,其中有一味药叫"龙骨"。抓药回来后,刘鹗偶然看见"龙骨"上刻有花纹,觉得奇怪,便把它交给王懿荣看。

王懿荣看了看，大声说：“这不是龙骨！”

这些刻有花纹的骨片究竟是什么呢？王懿荣一时也闹不清楚。

王懿荣一生爱好古文，他反复揣摩，认定这些东西一定是古宝。接着，他派人到药店查问这些"龙骨"的来历。回来人告诉他，这是从河南进的货。王懿荣慢慢细致考察，才知道这些东西出自小屯村。

王懿荣通过朋友山东潍县的古董商人范维卿专程到安阳小屯村去收买。当年秋天，王懿荣就得到了12片。第二年春天，他又得到了800片，后来又有人卖给他数百片。

王懿荣有了这些甲片之后，认真研究考证，从这些甲骨上可以看出来刻有商代帝王的名字，他最后断定这是最早的文字，并且定名为"甲骨文"。因为这些文字都刻在龟甲和兽骨上边。

所以说王懿荣是中国最早收藏甲骨和鉴定甲骨文的人。

另外，天津的王襄和孟定生两个人，也在王懿荣不久，研究和收藏了甲骨文，他们对甲骨文的鉴定做出了不小的贡献。

九、甲骨文第一部著录——《铁云藏龟》

光绪二十六年（1900 年）秋天，八国联军打进北京，义和团奋起反抗。王懿荣原来是国子监祭酒，现在皇上又让他出任总办团练。这个时候，他眼看着慈禧太后置国家安危于脑后，仓皇逃到西安避难去了。八国联军侵略者在北京横行无忌，到处烧杀奸淫。王懿荣非常愤慨，自己又无能为力，怀着满腔悲怨投河自尽。

他的儿子王汉章，把家中所有的东西全都卖光，掩埋了父亲。后来他没有办法，又把父亲生前藏在"天壤阁"里的甲骨文片全部卖了。其中大部分卖给了刘鹗，另有一部分卖给了浙江定海的方药雨。

刘鹗得到了这些甲骨文片，非常高兴，接着他叫他的儿子刘大绅去安阳小屯搜寻，又得到了 1000 多片，总计有 5000 多片。刘鹗成了当时收藏甲骨最多的人。

当王懿荣收藏甲骨的时候，多数是从商人手里买的。由于古董商人想垄断甲骨转卖之利，对于甲骨出土的地方，从来不告诉别人，连王懿荣也不说是从安阳西北小屯村得到的。所以，当时人们都认为是从河南汤阴县出土的，结果到那里是找不到的。

那时有个古文字的研究家叫罗振玉，他也认为是从河南汤阴县出土的。后来又听人说，是在河南卫辉出土的，直到光绪三十四年（1908 年），他才得知甲骨真正的出土地是河南安阳小屯村。他如获至宝，叫他的学生敬振常等去小屯村挖掘，还派古骨商去当地购买，所得达到近万片。

罗振玉在刘鹗家中见到了他所收藏的甲骨，非常高兴，建议刘鹗选取其中一部分用石印印刷。刘鹗同意后，自己选了1058片，付印出版了，书名叫《铁云藏龟》。罗振玉并且为这本书做了序言。这是甲骨文流行在世的第一部著录书。

罗振玉在序文中论证了四个方面的问题：一是灼龟与钻龟；二是钻龟之处；三是甲骨占卜的日子；四是甲骨占卜的原始。

刘鹗自己也写了序言，叙述了甲骨出土的始末，以及怎样购买收集，还有甲骨上的文字体例，称它为"殷人刀笔文字"。

十、甲骨文究竟写了什么

根据历史书籍记载，现在的河南安阳市西北五里的小屯村，曾经是殷商的都城。那时候是奴隶社会，大约是在公元前 16 世纪到公元前 11 世纪，据现在已有 3000 多年了。当时，文化科学都不发达，人们不了解自然界的各种现象，认为那是有神仙和鬼怪在暗中操纵。人们不能认识大自然，更不能掌握自己的命运，只有相信依靠祖宗和神灵可以预知吉凶祸福，可以决定活着的人们的命运。当时的统治者，也就是奴隶主，不论是外出打猎、发兵征讨、预测年景和天气，甚至生孩子、生命的长短等等，事先都是要占卜一下。

那时候已经有了最早的阴阳八卦。传说先天八卦是伏羲氏创制的，后天八卦是周文王发展的。当然，殷商的时候，还没有周文王的后天八卦呢！

所谓占卜，就是向神鬼或祖宗的灵魂，乞教事情的吉凶，求神仙或祖宗保佑平安。当时有专门掌管占卜的人叫做"巫"，也叫"史"。

占卜的方法是在乌龟的甲壳，或是在牛、鹿等兽类的肩胛骨上，凿出一个个椭圆形的小槽，或者钻出一个个的小孔，然后用火去烤，这叫火灼。这样甲骨上凿过或者钻过的地方，就会出现一道道裂纹。巫或者史观察这些裂纹，就能判断被卜者的事情是吉还是凶。占卜完了，再把问的事情和卜出来的结果，在甲骨上刻成文字。日后表明是否灵验，也要用文字刻在甲骨上。

所以说，甲骨上刻的文字主要是卜辞。卜辞就是占卜所问的事和占卜的结果的记录,也有一小部分是专门记载事情的。这些甲骨因为在地下埋藏了3000多年,有好多已经成了碎片。甲骨文的内容已不好连贯起来了,但其中完整的也不少。有一片甲骨上,刻着93个字,这是刻字最多的一片甲骨。

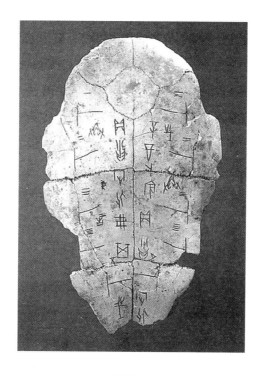

甲骨文

　　所有这些甲骨上,有2000多个不相同的字,现在只认了1000多个。根据卜辞所提到的帝王和占卜人的名字,结合所刻的内容,通过详细研究后,得知这些甲骨是殷商从盘庚到纣王12个帝王共270多年的东西。这是研究殷商历史、政治、经济状况的宝贵资料。

　　因为受书写工具(刀刻)的限制,甲骨文的笔道差不多都是直的,转弯的地方也是硬角。例如把"人"写成"刀",把"又"写成"ㄋ"。太阳本来是圆的,可是甲骨文却写成四角形或六角形:θ。

那时候,一个字怎么写还没有固定下来。同一个字可以写成种种不同的样子。比如表示的"示",就有"帀、丅、帀、工、不"等许多写法。

同时,一个字可以正写、反写,也可以倒写。比如"豕",甲骨文里正写这样:寸;反写这样:毛;倒写这样:豸。

从字形的符号化程度上来看,甲骨文是经过了长期发展的。这也可以说明,在结绳、刻木、绘图等等记事方法之后,在甲骨文之前这一个间隔中,还一定有别样的文字。不过,直到如今,还没有发现比甲骨文更早的材料。

十一、甲骨的流散

安阳小屯村出土的甲骨文,引起了帝国主义者的贪欲。一些外国人,尤其是那些披着宗教外衣的传教士,一方面利用他们的职务以及所提供的方便条件,一方面施展他们凶恶的敲诈手段,到处搜集甲骨。住在安阳的长老会牧师加拿大人明义士,曾先后以重金购买甲骨 2000 余片。住在潍县的浸礼会牧师英国人库寿龄和长老会牧师美国人方法敛,也多次从古董商手中买得大量甲骨。尤其是库寿龄,把买得的甲骨运往西欧,高价转售给博物馆和私人收藏家,获得了巨额利润。他在 1923 年死去了。他生前做甲骨贩子传共 11 年之久,经他的手外流的甲骨达万片以上。

另外驻上海、烟台、天津等地的外国领事,也和古董商勾结,搜走了不少甲骨。

大量的甲骨散流国外,是我国学术界的重大损失,对甲骨文研究的进程也有一定影响。

那时候,清政府腐败无能,丧权辱国。国家的领土不知被瓜分了多少,哪有力量顾及这些!

近年来,流散于国外的甲骨,已有大部分通过墨拓、摄影或摹本刊出来。这样在一定程度上弥补了当前材料不足的损失。

从当年殷墟甲骨的流散中,我们应当记取教训啊!

十二、甲骨文藏品的辨伪

俗话说，"盛世说收藏"，随着"收藏热"的兴起，甲骨文也开始成为收藏者喜爱的文物。但是在收藏的过程中，经常会遇到赝品，也就是作伪的情况。甲骨文的作伪实际上并不高明，鉴定时应该注意以下几点：

第一，看甲骨之新旧。一般来说，甲骨埋入地下3000多年，自然应该有一种古朴的感觉。作伪的人常常用大版新鲜牛骨来刻字（因龟甲较难刻契，且易碎），所以遇到大版牛骨刻辞须谨慎。

第二，如果能够亲眼检测实物，可以观察切口的新旧程度。即使是利用出土的甲骨新刻文字，因伪作切口较新，作伪者常常使用黏性泥土涂抹其上，使其看起来很有年头儿。最简单的鉴定方法就是将甲骨浸泡水中，不久后再用刷子刷去泥土，这样，切口便一目了然了。真品因土色深入刻痕之内，一般是洗刷不掉的。

第三，看内容是否符合卜辞的文法。因为大多数的作伪者并不懂甲骨文的内容，多数是胡乱抄袭或临摹真片上的文字，东拼西凑，甚至刻错、倒写也浑然不知。因此，在鉴别时应该注意看刻辞是否连句成文。一条完整的卜辞，由前辞（又叫叙辞，写占卜日期，以干支表示，一般还记下了负责占卜的人的名字，通常是商王的史官）、问辞（又叫命辞，是占卜者想要问的事）、占辞（商王看了卜兆后所下的结论）、验辞（占卜后结果的应验情况）四部分组成，不过绝大多数卜辞都不完整，一般只具有其中的几部分。

第四，看刻辞格式。在龟甲上的刻辞，一般可以分为两种式样：刻在左右边缘部分的，由外向里读。另一种是龟腹甲的中缝两边文字，皆由里向外刻。在牛骨上的刻辞，一般刻在骨的边缘，是由外向里读。几条卜辞刻在一起的情况，一般是由下到上排列的。

第五，看字体。商代甲骨文跨越了自盘庚到帝辛 270 余年的时间，卜辞年代明确可以判断的是武丁到帝乙 8 位商王所在的时期。在这段时期内，文字写法发生过变化。有学者根据这些变化将殷墟卜辞分为五期，第一期为武丁时期，字体相对较大；第五期较小，有些在笔画写法等方面也有所不同，这些比较可以从甲骨学工具书上查对。

第六，看贞人（卜人）的名字。贞人即当时替商王占卜之人，一般为史官。贞人生活于一定的时期，所以贞人的名字成为断代的依据之一。早期与晚期的贞人不可能共主占卜之事，如果这样的两个名字出现在同一片甲骨上，那么这一定是伪作。

十三、汉字的造字方法

古书上说汉字造字的方法有象形、指事、会意、形声、假借、转注六种。这六种造字方法在文字学上叫作"六书"。

有人说，"六书"是造字之本。这是不切合实际，也是不科学的。实际上，形声、指事、会意、象形，才是造字之本，而假借和转注是不能产生新字的，它们只能算用字之法，和汉字的结构，没有什么关系。

我们举例说明一下，就会明白了。

（一）象形

六书之一。象形是古人用简练的线条描摹实物形状的一种造字方法。许慎在《说文解字·叙》中说："象形者，画成其物，随体诘诎，日、月是也。"这里说的"画成其物"就是说把这个字所表示的对象的形状描摹着画出来。"诘诎"是个联绵词，即弯曲的意思。"随体诘诎"就是指随着物体的形貌，用回转曲折的笔画构成文字。"日"、"月"是所举的两个象形例字。"日"字初文写法是"⊙"，即画一个圆形，中间加一点，像日满之形。"月"字初文写法是画个月牙形，像它缺时多于圆时之形。因为太阳一年四季都是圆满无缺的，而月亮却是不断地在圆缺消长中变化着的，古

甲骨文"月"

人在造这两个字的时候，就注意到了它们这些自然现象的特征，然后用象形的造字方法造出了这两个字。比如我们常说的"有的放矢"，其中的

"矢"字为什么当箭讲呢？看看甲骨文中"矢"字的写法就明白了。它的

上半部是锋利的箭镞,中为箭杆,下为搭弦的尾翎。但是象形并不等于图画,象形字与图画的区分,除了它作为文字必须与语言中的词联系起来这一点之外,作为造字的方法,它必须是充分符号化了的,即用简便的线条符号点画勾勒出所表示文字之特征。可以说,象形的造字方法是比较基本的造字方法,一些描摹基本事物的汉字就是用象形的方法造出来的。随着汉字的不断发展,用象形的方法造出来的汉字经过简化和整理已经很难看出其"象形"的特征了,但是追本溯源我们就会认识到"象形"在汉字中的重要作用了。

(二)指事

六书之一,又称为"象事",是古代以象征性的符号来表示意义的造字方法。许慎在《说文解字·叙》中说:"指事者,视而可识,察而可见,上、下是也。"由于指事字所表示的是一个抽象的概念,无形可像,不能像"象形"那么好懂,所以只好用点画符号来示意。但这种点画符号在使用它的人群中却是约定俗成的,人们一看见就知道这些点画符号表示的是什么意思,这就是许慎所说的"视而可识"。这些点画符号虽然抽象一些,但也并非任意设置,而是按照一定的意义安排的,若细加观察,便可领悟其造字之意,这就是许慎所说的"察而可见"。许慎的《说文解字·叙》中说的"上、下是也"是举的两个指事字例。"上"、"下"二字初文写法为"⌣"、"⌢",长的一笔表示任何一个可见物,短的一笔指示"上"或"下"所在的方位。人们一见这两个符号便可以知道这是"上"、"下"二字。上面所说的是一种纯粹用符号来表示的指事字,还有一种情况是在已有的汉字上添加一些象征性符号来表示指事,如在"刀"字上加一点就成了"刃"字,所加的这一点就是指示刀口为刃。又如"末"字,习惯说"木

上曰末"，就是在"木"上加一横（一）来表示"末"字；"木下曰本"，就是在"木"下加一横（一）表示"本"字；这两个指事字就是在"木"的上部和下部分别加上一横的指事符号来表示该字的表意所在。如果说"牛、马"等类的字，可以用形象表现出来，可是有些字就不能表现。比如"甜"字怎么表现呢？于是，我们的祖先创造了一个"甘"字，在甲骨文中就写成口中加一点，表示在舌头上感到甜味的地方。甜字就是从这里演化出来的。清代学者王筠认为指事是在象形与会意之间的一种造字方法，他在《文字蒙求》卷二中说："《说文》曰'视而可识'则近于象形，曰'察而可见'则近于会意，然即此二语深究之，即知其所以别矣。"

木、末、本

（三）会意

六书之一。又称为"象意"，是用两个或两个以上的字组合起来表示一个新的意义的造字方法。许慎在《说文解字·叙》中说："会意者，比类合谊（义），以见指，武、信是也。"清人段玉裁注《说文解字》时说："会者，合也，合二体之意也。一体不足以见其义，故必合二体之意以成字。"他又说："指与指麾同，谓所指向也。"王筠说："合谊即会意之正解，《说文》用'谊'，今人用'义'。会意者合二字三字之义以成一字之义。"它和象形的区别在于不是一个物像一个字，而是集数字而成一字；它和指事虽然同是由几个部分组成，但区别在于它的每个部分都必须是字而不是象征性符号。许慎所举的两个例字为"武"和"信"，他认为"止"和"戈"二字会合就成为"武"字的含义（即制止暴乱就是"武"，但后人对此有不同的看法和解释,许说不甚可靠),"人"和"言"的会合成为"信"字的含义(即人说话算数,叫作"信")。按照许慎的意思,我们还可以举"明"字为例,它合"日"、"月"二字而成,取其日、月照耀的意思;又如"森"字合三"木"而成,表示树木众多之意;又如"益"(古"溢")字,合"水"、"皿"二字而成,表示水从皿中溢出。

甲骨文的"步"和"并"是这样写的:

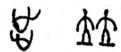

"步"表示两只脚一前一后向前走。

"并"表示两个人并排站着。

甲骨文中还有不少会意字,下面再来看一看两个我们常见的会意字。"采"和"休"在甲骨文中是这样写的:

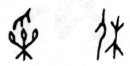

"采"的上部分是手,下部分是树木及其果实。表示用手在树上采摘果实和叶子。"休"的左部分是一个人,右部分是一棵树。表示一个人依傍大树休息。

(四)形声

六书之一。又称"象声"、"谐声",是用表示意义类属的形符和表示读音的声符拼合成新字的造字方法。许慎在《说文解字·叙》中说:"形声者,以事为名,取譬相成,江、河是也。"清人段玉裁解释说:"事,兼指事之事、象形之物,言物亦事也;名,即'古曰名、今曰字'之名;譬者,论也;论者,告也。'以事为名'谓半义也,'取譬相成'谓半声也。"可知形声字是由两个部分组成的,一部分是意符,用来表示这个形声字的义类,即该字所表示的事物所属的范畴;一部分是声符,表示这个形声字的读音。许慎所举例字"江"、"河",都属水类,自然要用"水"旁表示意符,"工"、

"可"各自表示该字的读音（"工"与"江"、"可"与"河"古代读音相近。语音有古今之别，古代造字时读音相同的字，今天读来有可能不尽相同，所以便造成了很大一部分形声字的声符如今并不表示该字的确切读音的现象），从而便构成了"江"、"河"这两个形声字。从汉字发展的历史来看，形声字的出现是汉字发展的一大进步，用这种方法可以造出很多

左形右声结构的形声字"鲤"

很多的汉字来，所以形声字在汉字的总数中占有很大的比例，原因即在于此。从今天的汉字来看，形声字的结构有左形右声（呵、鲤等）、右形左声（攻、期等）、上形下声（茅、岗等）、下形上声（想、贷等）、内形外声（闷、闻等）、外形内声（阒、固等）等组合形式。

以上四类，可以说是古人造字的基本根据和方法。

事物是不断发展的。如果每遇到一件新事物，就造成一个新字，汉字就会无休止地增加下去，给读书、识字造成很大的困难。况且，有时候想造字，也造不出适当的字来。

这时候，我们的祖先就又想出了另外两种方法，就是假借和转注。

（五）假借

假借就是遇到了一件新事物，不造新字，而找一个声音相同或相近的字来代替。这就避免了造新字的麻烦和困难。结果，不是给原来那个字增加了新的职务，就是那个字的新的意义逐渐代替了它的原来的意义。有的还给表示原来意义的那个字另外造一个新字。

如，"花"字，本义是花朵的"花"。后来花钱的"花"也用这个字来表示。这样就增加了新的意义。"我"字，在过去本来是一种兵器，后来借用做你我的"我"，本来的意思就逐渐不用了。"求"字，本来是皮衣，借用

做请求的"求"以后，又给它加了一个"衣"的形旁，写成"裘"，表示皮衣。现在有许多字，同一个字有两个以上的意思，人们不注意就容易写别字。这往往与假借有关系。

许慎在《说文解字·叙》中说："假借者，本无其字，依声托事，令、长是也。"所谓"本无其字"就是在语言中有些词只有"音"而无其"字"，但要将它记录下来时便采取"依声托事"的办法，即借用读音相同的字来表示那些只有音而无其字的词。从古代文字资料来看，假借字出现的时代较早，在形声字产生之前主要是利用假借同音字来调剂文字之不足，借其形而作它义用。清人段玉裁在注《说文解字》时分析许慎所举假借例字"令"、"长"时说："'令'之本义发号也，'长'之本义久远也，县令、县长本无字，而由发号、久远之义引申展转而为之，是谓假借。"孙诒让在《与王子壮论假借书》中说："天下之事无穷，造字之初，苟无假借一例，则逐事而为之字，而字有不可胜造之数，此必穷之数也，故依声而托事焉。视之不必是其字，而言之则其声也，闻之足以相谕，用之可以不尽，是假借可以救造字之穷而通其变。"假借字本来是在造字之初为了解决造字的困难而采用"依声托事"的方法，用一个字来代替数字用，从而控制字数的无限发展。

但到了后来，实际上已不限于此，不仅是"本无其字"用假借的方法，就是"本有其字"也采用了这种假借的方法。张政烺先生认为："假借字之发生有几种情况，一是字义不容易在字形上表现，取同音之字代用，不作新字，如'我'、'汝'、'其'、'来'之类。一是文字当使用时不够用，借字来顶替。许慎所举'令'、'长'是秦汉官制，'令'是施令，'长'是首长，皆属字义的引申，虽非本义，但不能称为假借。另一种情况是本有其字，写字的人提笔忘字，用同音字代替，只要音同便可假借，但是不免'人用其乡，同言异字，同字异言'，古籍中这种现象很多，学习文字的人应当理解。"

（六）转注

转注是用意义相关或相近的字解释或者说明新的意思。

六书之一。许慎《说文解字·叙》云："转注者,建类一首,同意相受,考、老是也。"但许慎对转注的解释过于抽象,"建类一首,同意相受"是什么意思?"类"和"首"指的又是什么?都很含混。所以后来的文字学者对"转注"的解释也就众说纷纭,归纳起来大致可分为三种意见:第一种意见以南唐徐锴为代表,主要从字的形体偏旁部首来说明转注的意义。这一派认为,"建类一首"是指偏旁部首,"同意相受"谓部首相同、意义相近的一类字,他们主要是从字形方面来说明转注的,因而称之为主形派,也有人称之为形转派、部首说、形义说。第二种意见以清代戴震、段玉裁为代表,他们主张从字义方面来解释转注,他们认为在字义方面凡可互训者,皆为转注字。段氏在《说文解字·叙》注中说:"'建类一首'谓分立其义之类而一其首,'同意相受'谓无虑诸字,意指略同,义可互相灌注而归于一首。"由于这一派主张凡意义相训的字皆为转注,谓转注为字义的互训,与字形无关,因而称之为主义派,也有人称之为义转派、互训说、义转说、义首说。第三种意见以章炳麟为代表,主张从字音方面解释转注。他在《国学略说》中说:"所谓'同意相受'者,义相近也;所谓'建类一首'者,同一语源之谓也。"他在《转注假借字》一文中进一步认为:"何谓'建类一首'呢?'类'谓声类,'首'者今所谓语基,'考'、'老'同在幽部,其谊互相容受,一谊而音有小别,按形体则成枝别,审语言则同本殊,虽制为殊文,其实公族。推双声者亦然,同音者亦然,举'考'、'老'以示例,得包彼二者矣……自秦汉以后,字体乖分,音读或小与古异,《凡将》、《训纂》相承别为二文,故虽同韵同义而不说为同字,此皆转注之可见者。"由于这一派认为"转注"是音近义同的同源字之间的关系,因此人们将其称之为同源说、同族说、声首说。从以上对"转注"的三种不同意见来看,许慎所谓的"建类一首,同意相受"究竟是指形符部首,或意旨相训,还是为声类语基,终无统一结论。高明先生在其《中国古文字学通论》中认为:"转注虽属六书之一,但非造字之本,而是用字的方法。如举'考'、'老'二例，'老'为象形，'考'为形声，粲然易晓。考察许书本意，所谓'建类一首'实际是指偏旁部首，许氏在《说文解字·叙》中说'其建首也，立一为端'，可见是以形建首，许慎已自言之。但是同部首者并非都同义，唯字义相同尚可互训互用，故举'考'、'老'为例。三派虽然同解释转注，见解却不相同，彼此又甚分歧。他们所涉及的问题，实际上已超出了转注的范围，深入到汉字的形、音、义的发展和相互作用的研究，因此了解三派的意见，不要拘泥于对转注的考辨，而应当从中吸取三派不同的研究方法和成果，把它们联系在一起，共同研究，定有更大的帮助。"

由上面的内容可以看出："六书"是后世人总结出来的古人造字的方法，并不是先有"六书"然后才根据"六书"来造字的。

由于字的形体、结构和意义在不断地发展变化，所以，越到后来，古人造字的原意也就越难知道了。

因此，我们还要通过一些典型的汉字，具体地看看它的演化过程，这对我们了解汉字的历史，准确地掌握一个字的意思是很有必要的。

十四、形声体制的确立

形声体制的确立对汉字的发展有着极其重要的意义。从现行的汉字中间我们也可以看到,形声字的数量占到了全部汉字数量的很大比重。所以这种体制的确立对于汉字的字形、字音、构造等方面都有很重要的作用。

(一)形旁和声旁的部位

分析汉字结构的时候,拆出来的零件,我们叫它偏旁。偏旁有表示声音和表示意思的两种。表示声音的叫声旁或声符,表示意思的叫形旁或形符。例如"符"字,"竹"是形旁,"付"是声旁;"评"字,"讠"是形旁,"平"是声旁。

从结构上看,形旁和声旁的组合部位主要有下面六种方式:

上形下声:芳、空、宇、爸、箱、翠

下形上声:盛、勇、袋、基、照、盒

左形右声:晴、河、购、财、征、优

右形左声:攻、都、胡、致、剃、战

外形内声:固、阁、囤、匣、廷、赴

内形外声:问、闻、辨、辩、赢、赢

形声以音义兼顾为原则进行造字,突破了汉字象形部分单纯表意的体制,使汉字的结构成分增加了表音、表意的因素,增强了汉字的造字能力和表达能力。

但是我们也应该看到,任何字都可利用形旁和声旁拼合的方法造出新字,所以说用形声的方法造字,造出的汉字是无限的。

例如,以"氵"为形旁,可构造成"汪、洋、涨"等形声字;

以"工"为声旁,可构造成"红、江、功"等形声字。

我们可以看到,用形声的方法进行造字使汉字的结构体系得到了进一步的完善。

由于语音的演变和形体的演变,有些形声字的形旁和声旁在汉字的发展过程中逐渐失去了原有的功能,出现了形旁不表意、声旁不标音的情况。

例如,下列的形声字就已经看不出来形旁和声旁了:

成(丁为声旁)、赢(以贝为形旁)、床(以木为形旁)

春(日为形旁,夫为声旁)、江(水为形旁,工为声旁)、姜(女为形旁,羊为声旁)

有些汉字在简化以后,更加看不出原来的形声关系了。例如:

国(繁体的國字是形声字,从口或声,简化后则变成了会意字)。

现代汉字中许多形声字的声旁不能准确表音,形旁不能正确表意。例如,同一个形旁为"口"的字,"嘧、啶、呋、喃"等字和"口"毫无关系;"虾"、"蛎"、"虹"等字与"虫"的关系,有的就很牵强。另外,也有声旁在右下角的,如"旗"字。还有形旁在左下角的,如"颖"字。因为"颖"字的本意就是禾苗的末端。"颖"字的左下角是"禾",就是它的形旁。

了解汉字的偏旁,可以帮助记字和了解它的意思。偏旁有时还会告诉我们,某一个字可能读什么音,同时,对我们查字典也有帮助。但是,我们不能完全依靠偏旁。因为有的字,形旁并不能告诉我们准确的意义,只是个大概的归类。比如,我们现在就很难看出"法"、"沿"、"治"等字为什么是水(氵)旁,"校"、"极"、"检"为什么是木旁。

另外声旁也不能给我们准确的读音。如用"也"字做声旁的，就有"池"、"地"、"施"等等许多种读音。用"工"字做声旁的，读音也很多。如"江"、"缸"、"扛"、"红"等等。如果再考虑到声调变化，那就相差更远了。

　　有人也许这样想，在古代，并没有任何人规定每一个字应该怎么写，可是写出来大家都认识。甚至我们现在的人，研究从地下发掘出来的甲骨文、金文，还可以认识其中的大部分字。这是什么原因呢？

　　可以设想，古人在造字的时候，一定考虑到了，自己造的字，怎样才能让大家认识，这就是抓特点。对于同一件东西，大家可能有相同的想法。你这样写，我也承认应当这样写，慢慢地得到大家的承认。

　　古人把这种现象叫作"约定俗成"。

（二）右文

　　右文是指汉字字形右边的声符，《宋史》卷三百二十九称王子韶字圣美，太原人。神宗熙宁时他投靠王安石，所以神宗与他谈论字学，被任命资善堂修订《说文》官。沈括说他解说字义以右边声符来定，"右文"的名称就由此而起。根据右边的声符说字义的汉字结构学说就称为"右文说"。汉字中形声字中占大多数的情况。很多形声字中，意符在左，声符在右，如从木、从水、从人、从言的字，声符大都在右。声符本来是表音的，但是在文字的发展过程中，同从一个声符的字在意义上有时又有联系，这就是声符兼义了。到宋代就有人专从声符来说解字义。沈括《梦溪笔谈》卷十四说："王圣美治字学，演其义以为右文。古之字书皆从左文。凡字，其类在左，其义在右。如木类，其左皆从木。所谓右文者，如戋，小也。水之小者曰浅，金之小者曰钱，歹而小者曰残，贝之小者曰贱。如此之类，皆以戋为义也。"意思就是说凡从"戋"声的字都有小的意义在内。

装裱中的文字

　　右文说始创于北宋时期,到宋元初时也有人敷衍其义,关键在于声符与字义之间是否绝对相关事实上,有的相关,有的毫不相关。同从一个声符的谐声字,可能具有不同的意义。大徐本《说文解字》新附字说:"叚,赤气也。"但是从叚的字,如假、碬、暇、遐等另有别的意思,都与红色无关。有的形声字的声符只表音,并不表义。如江、湖、河、海等字声不兼义。所以不可执一以概全,牵强附会。

王安石书法

　　不过,右文说在训诂学上并不是毫无价值的。这种学说对探讨语词意义的本源还是很有价值的。例如从"仑"的声的字,如沦、纶、轮、论、伦等字都具备有条理、有伦次的意思,由此可以执简以驭繁,找出一组字所共有的"义素"。这在南唐徐锴的《说文解字系传》里已露出根苗,到清代的学者就提出"因声求义"的训诂方法,进而走向研究"字族"或"词族"的道路。因此,对右文说的得失也要有明确的认识。

(三)独体字和合体字

我们的汉字是方块字。这是把一个字当作一个整体来说的。如果我们把一个字再分析一下,就会发现,绝大部分的汉字都可以拆成两部分或者几部分。

这种可以拆的字叫作合体字;不能拆开的叫作独体字。

人们有时候,不知不觉地就会分析字的结构。比如说,一个人问另一个人说:"你贵姓?"那人答:"我姓 zhāng。"

这人还要问:"是弓长张,还是立早章?"

那人便会回答是什么了。

这就是把"张"和"章"拆成了"弓长"和"立早"各自两部分了。

独体字是指某一汉字只有一个单个形体,不能分拆开,不是由两个或两个以上的形体组成的字。这类字大都是由一些比较简单的象形字或指事字演变过来的汉字。如:日、月、山、水、上、下、牛、羊、犬、人、文、中等,它们每个字都是一个整体,拆开后则不能单独成字。古文字学家认为在我国古代"文"和"字"是两个不同的概念,所谓"文"指的就是我们今天所说的独体字。清代段玉裁在《说文解字注》中曾指出:"析言之,独体曰文,合体曰字。统言之,则文、字可互称。"

合体字是指由两个或两个以上的独体字组成的汉字。这类字多数是会意字或形声字,也就是说合体字有两种情况:一种情况是用组合的几个成分来显示字义。如"伐"字,从人从戈,表示以"戈"伐"人";又如"解"字,从角从刀从牛,表示用"刀"来"判牛",或用"刀"来"解野兽"等。另外一种是由组合的几个成分来分别表示字音和该字的义类,也就是文字学上所称的形声字者。如"秧"字,从禾央声,"禾"表示义类,"央"表示读音;又如"符"字,从竹付声,"竹"表示义类,"付"表示读音等。这类合体字在现行汉字中占的比例较大。

(四)省声字

造字或用字的人为求字形的整齐匀称或书写方便,把某些形声字的声旁省去了一部分,这种现象在文字学上称之为"省声字"。裘锡圭先生认为省声字的情况大体上可区分为三类:第一类是把字形繁复或占面积太大的声旁省去一部分。如"珊"字,《说文解字》云"从王,删省声";"姗"字,《说文解字》云"从女,删省声"等,以上两字本都从"删"声,但为书写方便就把"删"字的"刀"给省去了。又如:"袭"字,《说文解字》云"从衣,龖省声",就是说"袭"字的声旁是"龖"字,由于书写起来很不方便,而且占面积太大,所以声符就省去了一个"龙"字。第二类是省去声旁的一部分,空出来的位置就用来安置形旁,如"蹇"、"褰"、"骞"、"搴"四字,《说文解字》都认为是从"寒"省声,省声后空出来的位置就安置了各自的形旁"足"、"衣"、"马"、"手"。第三类是声旁和形旁合用部分笔画或合用一个偏旁。如"桌"字,可以看做是形旁"木"和声旁"卓"合用部分笔画的形声字。这类字的情况本来是介于省声和省形之间的,但习惯上都按照《说文解字》的办法,把它们当作是省声字来处理。

十五、甲骨文释字

甲骨文的构成,大体可以分为三大类,即象形文字、会意文字和形声文字。

象形文字就是像实物形状的字。会意文字就是把象形文字变形或组合而产生的字。形声文字就是注有声符的字。

现在发现的甲骨文,单体符号在 4500 个以上,而确能识读的不足两千个。其中象形文字和意文字占 4/5,形声文字约占 1/5。下面分别举些例子来说明。

(一)象形文字

雨——甲骨文中有三种符号:

像天上有云,雨点下落的样子。

虹——甲骨文中有两种符号:

很像天上虹的形象。

山——甲骨文中有三种符号:

很像山的原形,有山峰显露出来。

阜——甲骨文中有四种符号:

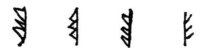

阜即土丘没有石。

水——甲骨文中有四种符号：

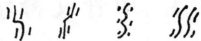

很像流动的水形。

土——甲骨文有三种符号：

很像小土块的样子。地也是这个符号。

泉——甲骨文有三种符号：

像从石罅中涓涓流出来的水。

象——甲骨文中有三种符号：

很像动物的形状。

龟——甲骨文中有三种符号：

像动物的原形。

衣——甲骨文中有三种符号：

像衣服盖着两个人，也像一身衣服的两个袖子。

（二）会意文字

祭——甲骨文中有六种符号：

这个字变形多,但都像一人一手持着酒肉。古时祭祀的意思。

告——甲骨文中有三种符号:

古代祭祀时,用牛做祭品,要以口告诉神明。所以说从牛从口。

奚——甲骨文中有三种符号:

奚就是奴,像爪牵着人的头发命令什么。

为——甲骨文中有三种符号:

古时候,为就是母猴。也有的说是用手牵象的意思。

武——甲骨文中有四种符号:

这是一个人持戈做舞蹈的意思。

孙——甲骨文有三种符号:

孙就是儿子的儿子,从子从系的意思。

(三)形声文字

霖——甲骨文中有两种符号:

是说雨下了三日停了。用雨的形，用林的声音。

姜——甲骨文中有四种符号：

姜就是姜水，传说神农氏住在那里，并且以姜为姓。用女形，用羊声。

盂——甲骨文中有两种符号：

盂是古时盛饭的器具。用皿形，用于声。

下面我们来具体看一段较完整的甲骨文。这只是一个小片。这是当时殷商人求雨的卜辞。

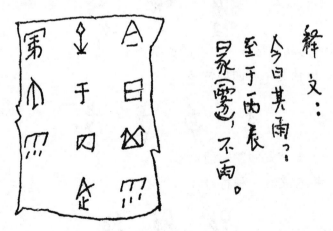

释文：
今日其雨？
至于丙辰
呆（霁），不雨。

这片甲骨的卜辞，命辞（就是占卜的人要问的事）是"今日有雨没有？"

验辞是"有雾，不雨"。

十六、金文

殷商时代的人，在用龟甲、兽骨占卜记事的时候，已经懂得用青铜铸造器具了。青铜是铜和锡的合金。从这里可以看出，那时候的冶炼铸造技术已经达到了相当高的水平。当时用青铜铸造的器具，有祭祀祖先用的鼎，有做乐器用的钟，也有日常生活用的盘、爵等。后来把这些东西都叫"青铜器"。

现在看到的殷商青铜器上，除了有细致的、装饰性的花纹以外，在一部分青铜器上面，还有简单的字。说明这件青铜器有什么用途和制作人是谁。

到了西周，使用青铜器的范围，比殷代更广泛了。像征伐、祭祀之类的大事，需要做永久的纪念，有什么重要文件需要长期保存，都要铸青铜器，并且把文字铸造在上面。诸侯得到封赏，也要铸青铜器，把这种光荣事情铸造在上面。后人纪念祖先的光辉事业，同样也要铸造青铜器。

春秋时期的郑国和晋国，还把刑法铸造在青铜器上。

正因为青铜器上铸造了一些重要的事件，所以，我们今天可以把它作为研究当时社会情况的重要材料。

当时青铜被称为吉金，后人把青铜器上的这些铭文称为吉金文字，简称金文。金文大都铸造在钟鼎等礼器上，所以又称钟鼎文。

到现在为止，经过学者整理过的殷代和周代的铜器，有7000件之多。上面共有3000多个不同的字，其中能够认识出来的有2000个左右。

铜器上的字，少的只有一两个，多的有几十个，也有多到几百个字的。字数最多的是西周晚期的毛公鼎，共23行、497七个字。

金文记载的内容相当广泛，有王室政治的谋划、历代君王的事迹、方国叛离、民众暴动、祭祀飨宴、论功行赏、双隶转让、生产工具交换、誓约诉讼家史等等。特别是我们可以毫不夸张地说，金文的一字一句都是真实的，是极为宝贵的上古语言文字材料。

历史上的青铜器时期，包括从殷商初年到战国末年，这是一个漫长的历史时期。从现在已经出土的有文字的最早青铜器算起，经历了 1000 年之久，所以文字的演变，不能不呈现出某些阶段性的特征。大致说来，殷商后期的金文，与殷商的甲骨文相近，只是形体上有明显的不同。甲骨文是用刀刻出来的，所以笔道比较细；金文大部分是在制造青铜器时，用模型铸的，所以笔道都比较粗肥，转折的地方一般都是圆的。金文也和甲骨文一样，同一个字可以有不同的几种写法。

西周前期的金文风格雄健，中后期才趋于完整，而春秋战国时期的金文形体，开始向多样化发展。

十七、金文释字

金文和甲骨文一样,都可以分为象形、会意和形声三类。

(一)象形文字

王——金文中有十多种写法:

有人说,王的本义是斧,用以征服天下,所以引申为王。

也有人说,天地人称为三,而参透天地人的人就称为王。孔子说:"一贯三为王。"

首——金文中有十多种写法:

首就是人的头,很像头上有发。

周——金文中有十来种写法:

它很像一个箱子,四圈很密封,里边保存着珍珠玉帛之类的东西。

宫——金文中有三种写法:

很像有几个住室的房子,在金文中多用为宫室。

(二)会意文字

永——金文中有十来种写法:

看起来像水流很长的样子。"永"在金文中是"泳"的初字,像人在水中行,借此生意。

父——金文中有六种写法:

好像一个人以手持杖,表达严父对子施教的意思。

或——金文中有六种写法:

这是国字的最初写法。以戈保护国家安全。

保——在金文中有十来种写法:

"保"就是保养的意思,好像母亲抱养着孩子。

(三)形声文字

寿——金文中有十多种写法:

这是老字的初字,像一个老人披发扶杖而行。含有生命久长的意义。

敢——金文中有十多种写法:

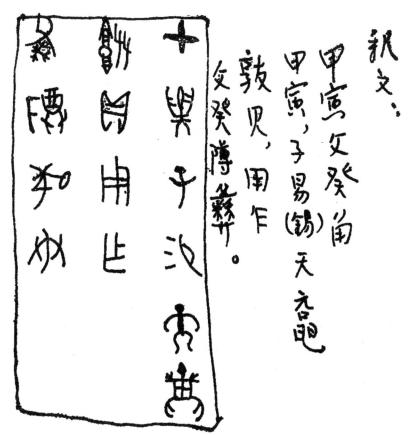

两个人携手相随,艰难前进。表示勇敢进取的意思。

现在我们取一个完整的青铜器铸文,看看金文的面貌。

这个青铜器上的金文,意思是说:某时、某人因某事,为某做铜器。

十八、大篆和"古文"

西周的时候，有一个做太史的，就是负责掌管、起草文书，编写史书，兼管国家文件、天文历法、祭祀等事情的大臣。

他叫史籀。经他手编写了一本儿童识字手册，每句四个字，有点像后来出现的"百家姓"与"千字文"。后来的人，把这本小册子叫作史籀篇。

"史籀篇"里的字体，叫作"籀文"。可惜这本小册子早就散佚了。

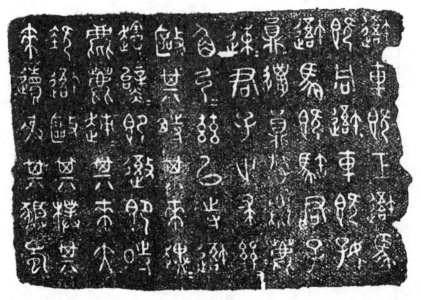

后来，东汉有一个人叫许慎，他编了一部字典叫作《说文解字》。这部字典里保留了不少古字。其中有 200 多个籀文。现在，我们只能从这部字典里，了解籀文是什么样子了。

另外，唐朝初年，在陕西省凤翔县，发现了十块像馒头般的大石头。这些石头，很像鼓的形状，当时人们称它为"石鼓"。

这些石鼓的周围，都刻着四个字一句的诗。内容是记载统治者打猎、游玩的情形。因此，人们把石鼓上刻的字叫作"石鼓文"。

现在，这些石头保留在北京故宫博物院里。可是，因为年代久远，上面的字已经有好些看不清楚了。现在能够看清的，有 300 多个字。据专家们研究，这些石头是战国初期秦国的东西。上面刻的诗，是歌颂秦王的。

石鼓上的字体和《说文解字》里收藏的籀文很相近，所以，一般人把石鼓文和籀文看作是同一个时代的字体。

这也就是平常说的大篆。

篆书这个名词，历来就有争论。有人说，篆就是传的意思，也有人说篆就是椽，椽就是官。古代有椽院，就是官署的统称，也就是说，篆书就是官书。还有人说，战国时期，江南吴、越、楚等国的文字中发现了不少类似鸟虫的装饰成分，叫"鸟虫书"，也称"鸟篆"。

大篆的字，要比甲骨文和金文复杂得多。它的笔道比较匀称，结构相当整齐，很好看。它是当时流行的标准文字，所以用它教儿童识字或铸刻永久性的纪念物。

在战国的时候，还有和大篆不一样的六国文字，叫作古文。

当时除了秦国之外，还有齐、楚、燕、韩、赵、魏六国。他们的文字极不统一，所以统称为古文。

古文是什么样子，我们可以在《说文解字》中见到，而《说文解字》里收的古文，是根据《壁中书》中的字体写的。

那么，"壁中书"是什么呢？

因为它是汉武帝的时候，在孔夫子的旧宅里，墙壁倒塌后，发现的古书，所以叫"壁中书"。

《说文解字》这部字典，也经过了 2000 多年的多次传抄、描篆，字体也都走了样子了。

古文比较可靠的材料，是三国时期魏国刻的《三体石经》。《三体石经》也是刻的古书，里面的每一个字，都是用古文、小篆和隶书三种字体刻的。这里的古文同样是依照《壁中书》里的字体。这批石经现在留下来的也不多，而且刻写时间，离战国已经经历了 400 多年，字体也不完全是原来的样子了。

古文最可靠的材料，是从地下发掘出来的，战国时代的陶器、兵器、钱币和印章等器物上的文字。只有这些器物上的文字，才是当时文字的真正样子。

那时候没有纸，我们的古人把竹子劈成一条条的竹签，或者把木头锯成薄木板，然后用笔在上面写字。这种竹签和木板叫作"简"。一篇文章可能要用许多条竹签和木板，写好之后用绳子编起来，就成了册（也写作"策"）。

上面提到的《壁中书》，就是写在竹简上的。但是，那些竹简早就散佚了。

西晋初年，在河南省汲县魏襄王的墓里，得到了几十车竹简。那就是战国时代的竹书，可惜都没有保存下来。

新中国成立后，在湖南省的长沙，在河南省的信阳，先后从楚国的墓地里发现了几批竹简。这是我们现在可以看到的实物。

战国时期的文字比较混乱，各国自成一套。但是，总的趋势是字体在不断地简化，像大篆一样繁复重迭的字越来越少，而且还出现了不少简体字。特别是竹简、兵器上的字，很像后来的手写体。

十九、小篆

繁 复重迭的大篆,写起来很不方便,人们在使用过程中就创造出比较简单的古文。但是,古文的缺点是写法不一致。

如果我们把文字看作是语言的辅助工具的话,那么文字不统一,就会影响各国的交流。随着政治、经济文化的发展,迫切需要一种全国统一的文字。

公元前 221 年,秦始皇消灭了六国,统一了天下,建立了我国历史上第一个中央集权的封建政权。

接着,秦始皇就规定,把秦国使用的文字作为标准文字在全国推行。这种文字就叫小篆。

秦政府还规定,同小篆不同的文字一律取消,停止使用。这实际上是使文字走向规范化的一个重要步骤。

秦始皇还命令李斯编"仓颉篇",赵高编"爰历篇",胡母敬编"博学篇",以小篆书写,作为儿童的识字课本。所以说,李斯在使用和推行小篆,实现文字统一的工作中起了重要作用。

小篆

从大篆到小篆,不是一个突然变化,而是逐步演化发展起来的。同大篆、古文相比,小篆更匀称、整齐,结构也比较简单,一般是采用了大篆或者古文里比较简单的一种写法。

比如,一个"车"字,在甲骨文、金文、籀文里有好几种写法,并且笔画复杂。

但小篆里就最简单地写成"車"。同时，形体也固定下来，不论是整个的字，还是作为字的一个偏旁，都不像以前那样，有好几种写法了。

汉字从殷代、周代的甲骨文、金文、大篆，发展到秦的小篆，原来的图画意味渐渐减少了。换句话说，就是逐步地符号化了。比如：

"馬"、"鹿"、"犬"等字，就写成——

這已经看不出原来动物的样子了。

但是小篆也有缺点，写起来仍不方便。小篆每转笔的时候，都写成弧形，甚至一斜笔也要连成圆弧形。

秦始皇为了在全国推行小篆，他下令把这种字体铸造在人们日常生活常用的秤锤上和斗上，还编了字书，并且在各地立碑，作为大家学书的范本。丞相李斯刻过不少石碑，比如"泰山刻石""琅刻石"等。

 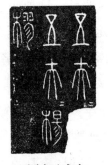

泰山刻石残字　　　琅刻石残字

但是，尽管这样，小篆作为正式文字，使用的时间并没有多久，差不多就在小篆形成、发展的同时，在民间就已经通行了比小篆更简单的隶书了。

二十、隶书

从字面上看，隶就是奴隶的隶，就是下贱的意思。隶书也叫"隶字,"意思就是说这是"贱民"们用的字，可见，隶书在最初形成的时候，这种字体是不被统治阶级重视的；在庙堂、刻碑等重大庄严的场合，自然是不能用隶书的。

其实，最初的隶书，只是大篆的简略形式。隶书同大篆的关系，有点像后来楷书之外还有简体字。

随着社会经济的发展，人们要写的东西很多，如果都用那种端正精巧的篆字来写，实在是太麻烦了。所以产生像隶书这样简单的字体，是一种发展的趋势。

早在公元前700多年的时候，这种字体已经开始出现了，只是字数还不多罢了。春秋战国时期的兵器、陶器等东西上，同隶书相近的字，已经可以常常见到。这说明，隶书并不是到了秦朝才有的。在春秋战国时期就已经在民间流行使用了。关于隶书在全国推广开来，这里还有这样一个故事：

相传，秦朝有一个叫程邈的县吏，因为得罪了秦始皇，被关在监狱里。程邈看当时狱官用篆书写很麻烦，就做了改革，花费了十年的时间，化繁为简，化圆为方，创立了一种新的字体。秦始皇看了很欣赏，不仅赦免了他的罪，还封他为御史，并规定这种字体在官狱中使用。因为程邈

隶书

是个徒隶,起初该书体又专供隶役使用,所以将其称之为隶书。隶书的出现,缘于篆书书写时太慢。为了快捷便利,程邈将篆书里那些圆曲的长笔画,分为两笔来写,有的减少为一笔,而且用笔有提按动作,因而出现了点、撇、捺的笔画。字的笔画有曲直、俯仰、粗细之别。结构和形态都发生了变化,更富于书写的笔味。随着社会的发展,文字书写量不断增加,古隶简捷实用的优势越来越明显,并得到秦代社会的广泛使用。

这个故事有很大附会的成分。实际上正像文字的产生一样,隶书也是靠日积月累由许多人共同创造的,程邈所做的大概是整理工作。

书法上称汉隶为"今隶",秦隶为"古隶"。1975 年 12 月在湖北云梦睡虎地秦墓中出土了竹简千余枚,上为墨书秦隶。从考古发掘出来的资料来看,战国和秦代一些木牌和竹简上的文字,已有简化篆体,减少笔画,字形转为方扁,用笔有波势的倾向,这是隶书的萌芽。西汉时,书法中隶体的成分进一步增加。长沙马王堆出土的西汉帛书《老子甲本》已有了明显的隶意。

从此,隶书和小篆同时使用,庄严郑重的场合用小篆,平时书写用隶书。这给当时的人们减轻了不少负担,节省了不少时间。到了汉朝,统治阶级也开始注意隶书了。于是就在秦朝隶书的基础上,定出了写隶书的规则,要求美观、好看。不久,隶书就发展成为像汉碑上所刻的样子。

这时候,隶字就定型了。文字学家们把汉朝的隶字叫今隶,秦朝的隶字叫古隶。

今隶同我们现在用的字,在结构上已经没有什么很大的差别了。汉碑上的隶字,差不多每一个字,我们都能认识。

因此说,隶书是汉字从古体到今体的一个重要转折点,为 2000 多年来汉字的发展奠定了基础。这是一个很大的进步。

二十一、草书

在汉朝的时候,同时通行着好几种字体。隶字是正式文字,有时也用小篆。那时候,草书、楷书和行书也先后产生了。

草书就是写得比较潦草的字体。我们都有这样的习惯,正式写给别人看的字,要求整齐、规矩一些,打草稿就可以随便些。所以,也有人说,草书就是人们打草稿用的字体。

(一)草书的由来

草书是汉字的一种字体。它出现较早,从秦代开始,书写隶书时有时就"草率"地书写。后这种字体被称为"章草",是一种隶书的草书形式。章草字字独立,接近于行草,但对难写之字的简化程度不大。后来楷书出现,又演变成"今草",即楷书的草书形式,写字迅速,这种字体往往上下字连写,末笔与起笔相呼应,每个字一般都有其简化的规律,但普通人不易辨认。通常也把王羲之、王献之等人的草书称为今草。

今草简化的基本方法是对楷书的部首采用简单的草书符号代替。带入繁体楷书中,往往许多楷书字的部首都可以用一个草书符号代用。为了方便起见,字的结构也有所变化。

高凤翰草书七言联

到唐代时,草书成为一种书法艺术,并演变成为"狂草",它作为传递信息工具的功能已经减弱,而其艺术性则大大增强,讲究间架、纸的黑白布置,是否让人认清写的是什么内容则已经不重要了。在狂草中,有所谓"词联"的符号,就是把两个字(常用在一起的词组)写成一个符号。由于当时的书写多是从上到下竖行书写,词联符号的设计也比较类似。如"顿首""涅槃"等都有固定的草书词联符号。日语中的平假名就是以汉字的草书形式为蓝本创作的。

(二)章草

章草兴起于西汉,兴盛于东汉,字体具备隶书的形式,字字能够区别,不互相纠连,历代对章草的名称来源都有不同的说解。

《书苑菁华》引唐代蔡希综的话说:"章草兴于汉章帝。"这种观点认为章草是由汉章帝时期开始兴盛。

张怀瓘《书断》卷上引唐代韦续的话说:"因章帝所好名焉。"这种观点认为章草是由汉章帝的爱好而得名的。

《书断》中又有记载:"后汉北海王受明帝命草书尺牍十首,章帝命杜度草书上事。"这种观点认为章草是因用于章奏而得名的。

同样是《书断》中引用王惜的话:"汉元帝时史游作《急就章》,解散隶体粗书云,汉俗简堕,渐以行之。"这种观点认为章草是由史游《急就章》而得名的。

近代有学者考证,"章"含有字体结构彰明严格的意思,所以叫作章草。章草实际上是草书的早期形式,章草是"今草"的前身,与"今草"的区别主要是章草保留了隶书笔法的形迹,上下字独立而不连写。

(三)今草

今草,也被称为"小草",是草书的一种,始于汉末。今草的笔画连绵回绕,文字之间有连缀,书写简约。到东晋王羲之时得到发扬完善。

今草是在继承章草的基础上，适应隶书向楷体和行体发展的趋势和形体上的变化，进一步减省了章草的点画波磔，成为更加自由便略的草体。

关于今草起于何时何人，有起源于汉末的张芝和起源于东晋的王羲之、王洽两种说法。从传世的表、帖以及出土的汉简、汉砖来看，在汉末以八分书作为正体字的同时，已经出现了近似真书的写法。略晚于张芝的草书家崔瑗作《草书势》，对草书有"状似连珠，绝而不离"、"绝笔收势，余延纠结"、"头没尾垂"、"机微要妙，临时从宜"的描述，可见汉末的草书笔势流畅，已开始不拘章法。其书体演变是没有截然的划分的，都是渐变的过程而不是突变。说今草起于张芝是从新体的萌芽来看；说今草起于二王，是着眼于典型的形成。

草书在唐代出现了以张旭、怀素为代表的狂草，并使其成为完全脱离实用的艺术创作。狂草也被称为"大草"，体势连绵，笔意奔放，如唐朝张旭《古诗四道》、《千文断碑》，怀素《自叙帖》等，孙过庭《书谱》字字区别，不相连接，而笔意已显示出活泼、秀媚的特点。"大草"与"小草"相对称，大草纯用草法，难以辨认，张旭、怀素擅长此种草书，其字一笔呵成，偶有不连，而血脉不断。清朝冯班《钝吟书要》谈学草书法云：小草学献之、大草学羲之，狂草学张旭不如学怀素。怀素的草书容易辨认，字迹清瘦见形，字字相连处亦落笔清晰易临。张旭之草书则字形变化多端，常一笔数字，隔行之间气势不断，不易辨认，形成一种独特的风格。韩愈《送高闲上人序》中提到张旭的草书以"喜怒窘穷，忧悲愉逸，怨恨、思慕、酣醉、无聊、不平，而有动于心，必于草书挥毫发之"。

"破草"是现代书家中最常见的书体，它的特点是点画结体。使转和用笔，多为从古到今各书家中的结体演变成自己的风格，任意发挥，洒脱自如，这种写法和今草相似。

行草还有"草行"之说，书体中带有许多楷法，即近于草书的行书。其笔法比较流动，清朝刘熙载《书概》云：行书有"真行"、有"革行"。"真行"近似真书而纵于真，"草行"近于草书而敛于草。唐朝张怀瓘《书议》云：兼真者谓之"真行"，带草者谓之"行草"。故有此别论。

二十二、楷书

人们在使用隶字的过程中，嫌一笔一捺地写太麻烦，逐渐地把字写得自然，同时也力求工整。字形也由扁平向正方形变化，这就是初期的楷书。从发现的汉简上，我们可以看到这种情形。东汉末年到三国时代楷书就定型了。这种字体一直沿用下来，直到现在没有多大变化。

（一）楷书

楷书又叫"真书"或"正书"。

楷书笔画平直，结构方正，书写方便。

唐朝人张怀瓘提出来的，所谓"永"字八法，一个"永"字，大体包括了汉字的八种笔形。

用现在的名称说：侧就是点，勒就是横，努就是竖，趯就是钩，策就是挑，掠就是长撇，啄就是短撇，磔就是捺；从勒到趯的弯儿就是折。

（二）王次仲和楷书

王次仲，名王仲，字次仲。东汉书法家（一说秦代书法家），上谷（今河北怀来县东南）人。按张怀瓘《书断》的说法："王愔云：次仲建初中以隶草作楷法。萧子良云：灵帝时王次仲饰隶为八分。二家具言后汉而两帝不同。或云：后汉亦有王次仲为上谷太守，非上谷人。陶宗仪曰：次仲与程邈同时，增广隶书为八分。或云：东汉末人。又云：有二王次仲，皆非也。"王次仲本人并无书迹存世。

关于王次仲其人有很多传说，有一种传说认为王次仲是古代的神仙。那时正是群雄逐鹿的战国时代，各国互相征伐，就在策士们到处游说,各国之间正在紧锣密鼓地实施"合纵连横"策略的时候,王次仲正住在大夏山、小夏山中。王次仲认为当时通行的篆体字,写起来很麻烦且用处也不广,而且人们很难在短时间内学会使用,于是他就把篆体、籀体字变化成隶书。

秦始皇统一天下以后,认为王次仲改革文字立下了大功,就请他到秦国来做官,但王次仲几次都拒绝了。秦始皇很生气,又派了使者去传诏让王次仲入秦,并对使者说:"我征服了天下,谁敢不服我!王次仲不过是一介书生,竟敢违抗我的圣命,这是何等的狂妄。这次你去召他,他如果再不来,就杀掉他,提他的头来见我,以正纲纪,让他这种人再也不敢傲慢抗上!"使者到了山里见到王次仲,宣读了秦始皇的诏命,王次仲在赴秦过程中变成一只大鸟振翅飞去。使者见到这样的情景又惊又怕地跪在地上不住地磕头哀求说:"您这样做,叫我回去怎么交差啊。"那只大鸟在空中盘旋了半天,故意落下三根翎毛,使者只好拿着这三根翎毛回去向秦始皇复命。秦始皇一向对修道求仙的事很感兴趣,听使者说王次仲已经变成了神仙,使他特别后悔。王次仲变化成大鸟的地方叫作"落翮山",在现在的河北(古代幽州),老百姓一直在祭祀他。

二十三、行书

楷书写起来，要求一笔一画都写得端端正正，这对于经常从事文字工作的人，仍然显得太费事。在抄一些不太重要的文件，或者抄普通书籍的时候，人们就写得快一些，随便一些，一笔一画都不必写得那么认真、规矩。这样就产生了一种行书。

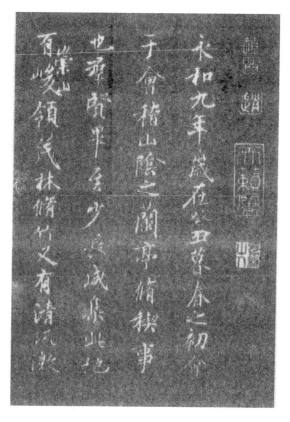

行书——晋·王羲之《兰亭集序》

(一)行书的起源

人走路,叫作行。人走路的时候,两条腿总是连续不断地向前移动的。有人把这种动作来比喻这种字体,因此叫作行书。这是很恰当的。

行书像楷书,但比楷书更简便,同时又不像草书那样难认。所以它是最容易通行、实用价值最大的一种字体。它是楷书笔画的流动。

行书产生于东汉末年,是一种介于楷书、草书之间的字体,我们可以把行书看作是楷书的草化或草书的楷化。它是为了弥补楷书的书写速度太慢和草书的难于辨认而产生的。行书的笔势不像草书那样潦草,也不像楷书那样端正。

有关行书的起源一般有两种说法:

第一种说法是根据唐代张怀瓘《书断》中说:"行书者,乃后汉颍川刘德升所造,即正书之小讹,务从简易,故谓之行书。"由这种说法我们可以得知:"行书"是由"正书"转变而成的。

行书出现的时间应该和八分楷法差不多,而其形式也和八分楷法及以后的正书非常接近。

冯承素摹《兰亭集序》

这相当于从隶书中变出(章)草书。桓灵朝的"正体字"除了隶书以外,其次就是"八分楷法",所以人们又认为行书就是"八分楷法"的别支。只要把八分书写得流走一些而去其隶体波势,就可以变成行书了,在汉代末期,一般出土的简书中我们是可以随处看到的。我们可以从中得出这样的结论:在汉末,行书没有得到普遍的应用。直至晋朝王羲之的出现,行书才极大地盛行起来。

行书传到王羲之的时候,它的实用性和艺术性达到了最完美的结合,王羲之创立了光照千古的南派行书艺术,成为书法史上影响最大的一宗。

(二)行书的代表作

最著名的行书作品恐怕要算是东晋书法家王羲之的《兰亭集序》了,前人以"龙跳天门,虎卧凤阁"形容其字的雄强俊秀,被赞誉为"天下第一行书"。唐代颜真卿所书的《祭侄稿》,其书劲挺奔放,前人评之为"天下第二行书"。而苏轼的《黄州寒食帖》则被称为"天下第三行书"。行书中,楷法多于草法的叫"行楷",草法多于楷法的叫"行草"。行楷中著名的代表作品是唐代李邕的《麓山寺碑》,该作品的特点是畅达而腴润。著名的行书书家还有宋代的苏轼、黄庭坚、米芾、蔡襄(合称为"苏黄米蔡"),元代的赵孟頫、鲜于枢、康里,明代的祝允明、文征明、董其昌、王铎,清代的何绍基等,有不少作品传世。

行书是非常受群众欢迎的一种字体,自魏晋以来,一千五六百年依然使用着。

(三)王羲之"入木三分"

王羲之是我国大书法家,生于晋元帝大兴四年。他不但是书法大师,而且散文也写得很好。著名的《兰亭集序》就是他写的。

王羲之的书法起先并不算太好,并没有超过当时的书法家,比如,张墨、嵇康等人。但他从不气馁,自强不息,直到五十三岁那年,他还认真地临摹古人碑帖,从不服老,每日每夜地刻苦练习。

他坐在椅子上时,就在椅背画,走在路上时,手指就不停地在身上划,心中揣摸着古人书帖的气势、笔画。

由于他这样做,慢慢地连自己的衣襟都被画破了。

王羲之学字入了迷,着了魔。一天,他上床睡觉了,还用手指临空画字呢! 他这样画着,忘了一切,竟画在躺在身边的妻子身上。他的妻子不知发生了什么事,坐起来很生气地问:"深更半夜,你这是干什么?"

　　王羲之好像没听见,仍然画着。

　　他的妻子更加生气了,大声地说:"你怎么老在人家身上画呢? 自家体,没啦?"

　　王羲之听到"自家体"三个字,忽然猛地坐起来,连连拍手说:"好,好!"

　　原来他悟出了这三个字的道理了。心中暗暗地说:"是啊,书法应该创造自己的书体呀!"

　　从此以后,他翻读碑帖手迹,糅合各个书法家的长处,从中领会千变万化的精神,自己更加勤奋苦练。功夫不负有心人,慢慢地,王羲之的书法果然自成一体,他终于成为我国著名的大书法家。

　　因为王羲之多年来不停不歇地苦练书法,所以他的腕子力量很足,笔力刚劲,他写出来的字,真能够力透纸背呢!

　　有一次,王羲之去看望一位朋友。恰巧,这个朋友不在家。于是,他进了书房,在人家的茶几上写了几个字,就走了。

　　那个朋友回家来的时候,见茶几上有几个字,一看知道是王羲之来过,就拿起一块布在茶几上擦。墨迹擦去了,可是怎么也擦不干净,用水洗也洗不清。

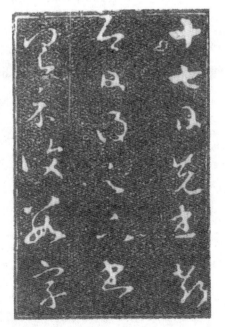

王羲之墨迹

后来，这位朋友拿去这个茶几，让木工去雕刻。木工发现，这块木板到三分深的地方，还渗透着墨汁呢！难怪那位朋友擦不干净了！

因此，后人称王羲之的字，"入木三分"，是说他写字的功夫之深啊！

(四)唐太宗计得《兰亭集序》

王羲之的书法《兰亭集序》，是书法界的宝物。它的真迹后来由他的七世孙智永和尚收藏。

智永和尚死前把这一至宝，交给他的得意弟子辨才保存。和尚智永和辨才都是名极一时的大书法家。

辨才和尚对《兰亭集序》非常珍爱，视如生命。他在自己房子里的檩上刻一匣子藏着。从来不向任何人谈起此事。

这时候正是唐太宗做皇帝的时候。唐太宗这个人极爱书法，在处理朝政之余，临写王羲之的书法。他命大臣们收集王羲之和王献之的真迹，得到了许多。只有书法至宝《兰亭集序》一直得不到手，常常闷闷不乐。

唐太宗的大臣中有许多人是书法家。比如欧阳询、虞世南、褚遂良等人。慢慢地有人得到一个消息，说《兰亭集序》的真迹现在和尚辨才手里。

唐太宗问："和尚辨才在哪里？现在多大年纪？"

大臣对他说："辨才和尚现在越州的永欣寺里。年近八十岁了！"

唐太宗说："他年事已高，收藏至宝最后还是要留给后人，莫不如把他请到朝中，请他交出来！"

大臣们同意唐太宗的主意，就派人到越州永欣寺把辨才和尚请到京城长安。

辨才和尚不知发生了什么事情。到了长安之后，受到百般照顾，更不知为什么。过了十多天之后，唐太宗派大臣房玄龄去看望他。饮酒之间，房玄龄问他："你可是和尚智永的徒弟？"

辨才回答："正是。"

房玄龄说:"你的师傅智永和尚是王羲之的第七世孙。听说智永和尚收藏了许多先祖的墨宝真迹。后来智永和尚⋯⋯"

　　辨才和尚虽然已近八十岁,可是他的神智很清楚。听到这里,他立刻明白了唐太宗请他进京,而且百般招待的原因了。

　　辨才说:"大人说得很对。我师父确有许多羲之墨宝,我也曾见过的。可是这些年来,战乱不止,天灾人祸,我们师徒颠沛流离,这些至宝也都不知去向了。"

　　房玄龄笑笑说:"师父不必隐瞒,我有确实消息,'兰亭'真迹现今仍在你的手中呢!"

　　辨才听了这单刀直入的话,不禁哈哈大笑。连声说:"大人错听消息,实在可笑,可笑!"

　　弄得房玄龄很尴尬,只好不欢而散。

　　此后,辨才仍受到殷勤照料。接着又来人过问过多次,辨才和尚只是坚决否认。

　　大臣们实在没有办法,只好把情况报告给唐太宗。唐太宗听了很不高兴,但是又拿他没有办法,愁得吃不好睡不好。大臣们更是着急,最后想出了一个办法:莫不如先把辨才送回越州永欣寺中,同时派人悄悄地跟随,潜入寺中,偷看辨才有什么举动,也许可以弄出个眉目来。

　　唐太宗同意了大臣们的主意,派人把辨才又送回越州永欣寺,并且派了跟踪密探的人。

　　跟踪密探的人去了三个多月,昼伏夜出,在永欣寺观察辨才的行迹。

　　辨才回寺之后,还和平时一样,念经练书法,吃睡正常,一点反常举动、一点坐卧不安的行动也没有。

　　跟踪密探的人没有办法,只好回到长安报告给唐太宗。唐太宗实在没有办法,精神变得更加忧郁。

　　大臣房玄龄随时暗中做着调查,后来他得到一个线索,如实地报告给唐太宗。

他说："陛下，为臣多日调查，现在得知，监察御史萧翼，是前朝梁元帝的曾孙，他的父辈萧子云是书法家，与和尚智永有过交往。而且萧翼这个人极有心计，又善言辞。如果派他去找辨才和尚联络感情，也许慢慢地会有些希望的！"

唐太宗说："我爱羲之的书法如同生命，唯有《兰亭集序》不得一见，终生遗憾。那就派他去试一试吧！"

房玄龄说："要想让萧翼认真去办，请陛下召见他，向他讲清楚更好！"

唐太宗同意，就把监察御史萧翼召上殿来，说："你的祖辈与智永和尚有过交往，你又有智谋，此去办理此事，如果成功，获得《兰亭集序》，朕要重重地赏赐你的！"

萧翼说："臣愿前去。只是办理此事，必须改扮身份，而且请陛下把您手中的二王字帖交给我几幅，才有可能办成！"

唐太宗应允，于是把他手中收藏的王羲之、王献之的字帖真迹交给萧翼几幅。

萧翼接过二王字帖，回到家中，乔装打扮，乘坐商船，到了越州。夜幕的时候，进入永欣寺中。

寺中很安静，没有一个和尚走动。萧翼打扮得像一个书生的样子，抬头观看走廊中的壁画，看得十分入神。过了许久，仍然没人发现他，他就向寺院中慢慢走来。当走过辨才住的院子时，他站住身子，左右观看。这时候辨才正在休息，从门中远远地看见了他，就出来跟萧翼打招呼。

"你是什么地方人？来寺里做什么？"

萧翼很有礼貌地说："我是北方人，来南方做点生意。今天下午没事，就来寺内看看，幸遇师傅。"

辨才见他很谦虚的样子，就让他到屋内休息一下。萧翼也不见外，来到屋内坐下，看见桌上有一张琴，就弹起来，见壁上挂着字画，说了许多赞许的话。

辨才给他倒了茶,两个人便谈起话来。两个人谈得非常投机,还互相作诗,抒发感情,彼此吟咏,大有相见恨晚的感觉。夜间喝酒,直喝到天亮,萧翼才肯离去。

　　第二天,萧翼带着好酒,又来到寺中。酒后又乘兴作诗,更加不分彼此。到这个时候,萧翼才说出自己的祖辈也是翰墨之辈。辨才更加喜爱萧翼。

　　萧翼说:"我有二王楷书几幅,经常带在身边观赏。"

　　辨才问:"可是真迹?"

　　萧翼说:"当然是的!"

　　"那,你明日带来观看如何?"辨才说。

　　萧翼满口答应。到了第二天,萧翼果真拿来了二王的楷书真迹。辨才一见,喜不自禁,连连说好。

　　"可是,"他又说,"二王的书法,以草书为最佳。贫僧倒有一草书真迹,不知你见过没有?"

　　萧翼问:"大师所藏是什么帖呀?"

　　辨才说:《兰亭集序》。

　　萧翼微笑说:"数经乱离,还能有真迹吗? 莫非是伪品吗?"

　　辨才说:"老僧之禅师在时,惜命保存,亲临之时,亲交给我,怎会有假?!"

　　萧翼说:"大师能否拿出来,我观赏观赏!"

　　辨才说:"好,等明晚来时再看吧!"

　　萧翼走后,辨才将《兰亭集序》从屋梁上木匣中取出,放在桌上。第二天晚上萧翼来时,交给他观赏。萧翼看了故作不在乎的样子说:"这墨宝保存至今,真不容易呀!"

　　观赏完毕,辨才又把墨宝放在木匣内。

　　自此以后,萧翼常来寺中,寺中僧人也不拿他当外人。有一天,萧翼又来了,正赶上辨才外出。说有个朋友搬到新居去住,庆贺一下。

萧翼就自己进了辨才的房间。进了房间之后,他便从梁上木匣内取出《兰亭集序》,悄悄地走了。寺内的僧人也没有注意他。

　　萧翼从寺中出来,就直接来到当地的官员府中,将自己的身份讲明,并且说已经取到了《兰亭集序》。

　　当时的官员见到唐太宗的圣旨,不敢怠慢,急忙派人寻找辨才。此时辨才还在朋友家饮酒言欢,听说官府来寻,不知发生了什么事情,便问差人做什么?

　　差人回答:"现在朝中监察御史传见!"

　　辨才不知所措,跟随差人来到官府。进了屋内,见到御史,原来就是萧翼。就问:"你找我何事呀?"

　　萧翼微微一笑说:"我是奉皇上御旨,来取《兰亭集序》的。如今得到了,给你个信儿! 明天我就回朝交旨了!"

　　辨才如同晴天霹雳,立刻晕倒在地,过了好久才苏醒过来。

萧翼回到京城,奏明唐太宗,并献上"兰亭"真迹。

唐太宗仰天大笑,非常高兴。他立刻赏给房玄龄锦缎千段,以表彰他荐人有功;加封萧翼为员外郎,赐银瓶一个,金缕瓶一个,玛瑙碗一个,还有许多珠宝、玉器,另有良马两匹,宅院一座。

唐太宗还生辨才当初不献墨宝的气,后来想想,因辨才年迈,不忍加罪。数月之后,还派专人到越州寺中给辨才送去锦彩三千段,另给好谷三千石,由当地官仓中发给。

辨才这时已在病中,不敢不要皇帝的赐物,就收下了。他用这些东西造了三层宝塔。宝塔建完了,辨才大师也悲愤地死去了。

二十四、古今字、异体字、繁简字和通假字

在古代的书籍里，一个方块字往往有好几种写法，这就给我们造成阅读和理解上的困难。

在现在通用的楷书和行书里，一个字也往往有几种不同的写法。为了有效地解决这些困难，就必须掌握有关古今字、异体字、繁简字和通假字的基本知识。

(一)古今字

在古文《墨子·公输盘》中有这样的情景：当墨子斗败了公输盘之后，"公输盘不说"。

这个"不说"，是什么意思呢？它好像是说公输盘不说话了。这种理解就错了。

这里的"不说"就是"不悦"的意思。

这是因为在上古的时候，是没有"悦"字的。所以"说"是古字，"悦"是今字。

为什么会产生古今字的现象呢？这是因为在古代字数少，而后世人们对汉字不断发展增多的缘故。例如古书《大学》、《中庸》、《论语》、《孟子》这四部书中，不重样的字共有 4466 个。东汉许慎的《说文解字》的字典，也不过 9353 个字。可是到了 1915 年，中华书局编印的《中华大字典》，共收字四万八千多个，相当于《说文解字》的五倍多。

古代的字少，一个字要代表几个意思，真可谓"一身兼多职"。

比如上古时代的一个"辟"字，就兼有多种用途。它能代表"避"、"躄"、"僻"、"譬"、"闢"这五个字的作用。后人为了减少这种一字多能的

兼职现象,才在"辟"字身上加了许多表示意思的形象符号,来显示意思的区别。

所以说上古的"辟"字就是古字,后来产生的避、媲、僻、譬、闢就是今字。

在许多古书上,古今字的现象很多。如果我们没有这个方面的基本知识,那就很难读懂古文。下边举几个例话:

1.此世俗之所谓知也。(《庄子·胠箧》)

——这就是人们所说的智慧啊!

2.大叔出奔共。(《左传·隐公元年》)

——太叔跑到共那个地方去了。

3.夫晋,何厌之有?(《左传·僖公三十年》)

——那个晋国有什么餍(满足)呢?

4.布帛长短同,则贾相若。(《孟子·滕文公上》)

——布帛长短一样,价钱也相似。

5.千乘之国,摄于大国之间。(《论语·先进》)

——千乘的小国,夹在大国之间。

以上这些句子中的"知"、"大"、"厌"、"贾"、"间"等字,都是古字,而"智"、"太"、"餍"、"价"、"间"等都是今字。如果有人认为今字才是"本字",那就错了。如果有人拿今字去更正古字,那就更错了。

(二)异体字

两个(或两个以上)字在音义上相同,在任何语言环境里都能代替,而只是写法不同,这种音义相同,而仅是写法不同的字,在文字学上就叫异体字。

比如:"炤"与"照"、"并"与"竝"、"睹"与"覩"、"咏"与"詠"、"喻"与"谕"等等,很多很多,就是异体字。

文字是劳动人民创造的。"仓颉也不止一个,有的在刀柄上刻一点图,有的在门户上画一些画,心心相印,口口相传,文字就多起来。"这是鲁迅先生《门外文谈》中的一段话。

这样一多,就很难做到形体划一。同一个意思,由于时间和地区有差别,就可能造出好几个字来,而且这种异体字,越古就越多。例如一个"兄"字,在甲骨文中就有 35 种写法;一个"贝"字,就有 60 多种写法。

异体字的类型,大体有以下五种。

1.形符不同:

遍徧、猫貓、堤隄、糕餻、唇脣等。

2.声符不同:

筒箇、秸稭、线綫、笋筍、验験等。

3.改换意思相近的形符:

辉煇、径徑、侄姪、铲剗、睹覩等。

4.形符和声符的位置不同:

略畧、够夠、群羣、鹅鵞等。

5.形声字和会意字的异体:

泪淚、奸姦、渺淼等。

异体字多了,自然会造成学习上额外负担和用字的混乱。1955 年 12 月 22 日,国家文字改革委员会公布了"第一批异体字整理表",决定精简1055 个异体字,确定了 810 个为可使用的正字。这项工作受到了广大人民群众的热烈欢迎。

(三)繁简字

简体字可以追溯到甲骨文时代,比如《诗经》中的"於"都写成"于",还有"餘"写成"余","墳"写成"坟"。但是,历代的统治者都不承认它,把它叫作"俗"字。所谓"俗字"只能在普通老百姓之间使用,正式的公文上,读书人的考试卷子上都不能用。但是它写起来简便,一不留意,就会在笔下出现。

宋朝的时候,有一年考试,监考官看中了一个人的文章,准备录取这个人做秀才。恰巧另一个考试官在那篇文章里发现了一个"尽"字("尽"就是"盡"的简体),不同意录取这个人'并且说:"如果我们录取了他,人家会笑话我们取了一个'尺二秀才'。"——因为"尽"字拆开,下边的两点像个"二"。

这个读书人,虽然文章写得好,就因为写了一个"尽"字,没有考中。

这一方面可以说明,在考秀才的庄严场合下,那个读书人还会无意中写出一个简体字,可见当时在民众中,简体字已经流行很广;另一方面,说明了当时统治者的荒唐、愚昧和专制。但不管怎样,简体字是反不掉、禁不止的。

中华人民共和国成立以后,才正式承认了简体字。

这对我们认字、写字都有了很大的便利。

(四)通假字

也有人称之为"假借字"。"通"即通用之意,"假"即借代之意。顾名思义,通假字就是通用借代之字。具体地说,就是古人在书写某个字时,没有书写本来应该用的字,而是书写了一个读音相同或相近的字来代替它。如《荀子·王霸》中"台谢甚高"之"谢"字,"谢"字本义是"道歉"、"认错",而在本句中则是指建筑在高土台上的屋子,与它的本义毫无关系。句中的"谢"字本应写"榭"字,只是由于"谢"与"榭"读音相同,便借"谢"替"榭"了。由此可以看出,通假字就是用意义毫不相干而仅是读音相同或相近的字借用来代替本字。又如"蚤"借为"早","蚤"的本义是"跳蚤","早"的本义是"早晨",二者在意义上本来风马牛不相及,只是在读音上相同而已。此外,同音通假的还有借"公"为"功"、借"骏"为"峻"等;双声通假者如借"祝"为"织"、借"果"为"敢"等;叠韵通假者如借"崇"为"终"、借"革"为"勒"等。

严格来讲,这种通假与"六书"中所说的"假借"不同。汉字"六书"中的假借是"本无其字,依声托事",是指语言中有这个词,但是汉字中还没有造出记录这个词的字来。即文字没有跟上语言的发展，于是就借用一个音同或音近的字来表示（代替）它，而没有再另造新字。如"而"字的本义是指"胡须"，后来被借用为"连词"，表示顺承和转折的关系；又如"叔"字，它的本义是"拾取"，后来被借用为"叔伯"的"叔"字等。而通假字则是本有其字，以声相代。二者虽然都是用音同或者音近的字来相互代替，但其性质却大不相同。有时有些通假字和古今字、繁简字是不可截然分开的。如"竟"的本义是"音乐末了的一章"，可以借为"国境"的"境"；

《荀子》书影

"耆"本义是"老"，可以借用为"嗜好"的"嗜"，因此从使用的方法来讲，"竟"是"境"的假借字，"耆"是"嗜"的假借字。但在同一个字义上，从文字产生的先后来讲，"竟""耆"是古字，"境""嗜"则是今字。

我们学习古代汉语，不仅需要知道简体字，而且应该掌握繁体字与通假字。懂得繁体字与简体字之间的关系，掌握通假字与假借字的区别，才不会产生误解。比如，《后汉书·丁鸿传》里有"干云蔽日"的话。如果把"干"理解为"乾湿"之"乾"的简体字"干"，那就错了。因为天上的云不能有干湿之分。这里的"干"字，是树木参天的意思，与"干"字的繁体字毫无关系。

二十五、异音字的问题

(一)什么是异音字

异音字就是一字异音,也就是说一个字有两个或者两个以上的读音。例如:"飞机着陆时他靠着椅子睡着了。"这句话里面三个"着"字有三个不同的读音:"着陆"的"着"读 zhuó,第二声;"靠着"的"着"读 zhe,轻声;"睡着"的"着"读 zháo,第二声。此外,"着"字还有一个读音念 zhāo,第一声,意思是下棋时走的步子,同"招",例如:"好着、坏着、高着、绝着"等等。

异音字也叫作"多音字",我们这里为了和前面的"异体字"、"异义字"的称谓相对应,就把它叫作"异音字"。

异音字分为两种情形:

一种是异音异义字,也就是说不同的读音表示不同的意思。例如:"好吃"的"好",如果读 hǎo,意思是说这个食物香甜可口;如果读 hào,意思是说这个人喜欢吃。异音异义字也叫作"多音多义字"。

一种是异音同义字,也就是说不同的读音表示相同的意思。例如:流血(xuè),可以读作流血(xiě);成熟(shú),可以读作成熟(shóu);他是谁(shuí),可以读作他是谁(shéi)。文字学类的书为了区别两种不同的异音字,就把异音同义字叫作"异读字"。

(二)异音字的产生和分类

1. 异音异义字的产生

千百年来,随着语言的发展和词义的扩延,汉字的数量越来越多。为了避免汉字数量太多,人们就在一些原有的字形上变换读音来表示相关的意思,结果就出现了一字异音异义的现象。具体来说主要有以下两种情形：

（1）由于词义引申而产生的异音异义字。例如：

背：本义是指人的脊背，后背，读 bèi；引申为用脊背背东西，读 bēi。

乐：本义是音乐，读 yuè；引申为快乐，读 lè。

行：本义是道路，行走，读 xíng；引申为行列，读 háng。

（2）由于文字假借而产生的异音异义字。例如：

打：本义是打击，读 dǎ；借为外来词表示英文 dozen，十二为一打，读 dá。

茄：本义是茄子，读 qié；借为外来词表示英文 cigaf，雪茄，读 jiā。

斗：本义是量粮食的量具，读 dǒu；引申为争斗的斗，读 dòu。

2. 异音同义字的产生

前面说了，异音同义字也叫作"异读字"。其实，它包括两个部分：纯粹的异读字和文白异读。异读字和文白异读是不一样的，异读字的不同读音不区分意义，也不区分语体色彩；文白异读的不同读音区分语体色彩（读书音/口语音）。下面分开来介绍。

（1）异读字的产生

异读字的产生有下列几种原因。

①有一些异读字是形声字受原来声符的影响造成的，例如：

"暂"字本读 zàn，可能受"斩"的影响，有人又读作 zhǎn。

"脂"字本读 zhī，由于受"旨、指"的影响，有人又读作 zhǐ。

②有一些异读字是方言影响造成的。例如：

"尿"字读 niào，又读 suī。

"巷"字读 xiàng，又读 hàng。

③也有的异读字形成的原因不明。例如：

"期"字应读 qí，不知道为什么有人读 qī。现在以 qī 为规范读音。

"播"字应读 bò，不知道为什么有人读 bō。现在以 bō 为规范读音。

④还有一些异读字是由于古代入声字在现代北京音里改入其他声调造成的。

(2)文白异读的产生

文白异读是指一个字原本只有一个读音,后来由于读书音和口语音分化而形成了两种读音。读书音也叫作"文语",口语音也叫作"白话",它们之间的不同读音就叫作"文白异读"。例如:

薄:读书音 bó 薄弱、菲薄;口语音 báo 薄饼、脸皮薄。

剥:读书音 bō 剥削、剥夺;口语音 bāo 剥皮、剥花生。

壳:读书音 qiào 地壳、金蝉脱壳;口语音 ké 蛋壳、脑壳。

文白异读表示读书音和口语音不同的语体色彩,所以它在过去有保留的价值;而异读字的不同的读音既不区分意义,也不区分语体色彩,所以它没有什么保留的价值。

3. 异音字的分类

异音字按照声、韵、调的不同可以分为以下几种类型。

(1)声调不同。例如:

"教书"的"教(jiāo)"——"教师"的"教(jiào)"。

"好坏"的"好(hǎo)"——"好恶"的"(hào)"。

(2)声母不同。例如:

"生长"的"长(zhǎng)"——"长短"的"长(cháng)"。

"方便"的"便(biàn)"——"便宜"的"便(pián)"。

(3)韵母不同。例如:

"没有"的"没(méi)"——"沉没"的"没(mò)"。

"拓荒"的"拓(tuò)"——"拓片"的"拓(tà)"。

(4)声母和韵母都不同。例如:

"行走"的"行(xíng)"——"行列"的"行(háng)"。

"恶毒"的"恶(è)"——"厌恶"的"恶(wù)"。

除了上面四种以外,异音字还有其他的类型。下表是《新华字典》

(1971 年版)中 734 个多音字不同类型的详细情况：

分类	声调不同	声母不同	韵母不同	声母和声调不同	韵母和声调不同	声母和韵母不同	声韵调全不同	合计
字数	297	45	68	106	80	60	78	734
占异音字的百分比	40%	6%	10%	14%	11%	8%	11%	100%

（三）整理异音同义字（异读字）

在异音字里面，异音同义的异读字不因读音不同而产生新的词义，这些毫无意义的异读音只是造成了字音混乱，给汉语教学带来了很多麻烦，所以很早的时候人们就开始注意整理这些异读字了。

1911 年 6 月清朝政府学部中央教育会议议决《统一国语办法案》，其中就有"审定音声话之标准"。1913 年民国教育部召开读音统一会，审定了 6500 多字的国音，1919 年 9 月民国教育部读音统一会根据审定的字编纂出版了《国音字典》。1932 年民国教育部又公布了经过修改的新读音标准《国音常用字汇》。

1956 年中国政府成立了普通话审音委员会，主要对异读词进行审音。普通话审音委员会从 1957 年到 1962 年分三次发表了《普通话异读词审音表初稿》。1963 年出版了《普通话异读词三次审音总表初稿》，规定了 1800 多个异读词的标准读音，其中异读字 920 个。1982 年重建普通话审音委员会，对《普通话异读词三次审音总表初稿》进行了修订。1985 年 12 月发表修订后的《普通话异读词审音表》。《普通话异读词审音表》一共审定了 847 个异读字的读音。

（四）常见的异音字

下面是从 3500 个常用字中选列出的教学中可能常用的异音异义字和异音同义字（异读字）。

(1)常见的 37 组异音异义字：

阿 ā　　　（阿姨）——阿 ē　　　（阿谀）

扒 bā　　　（扒拉）——扒 pá　　　（扒手）

磅 bàng　　（磅秤）——磅 páng　　（磅礴）

便 biàn　　（方便）——便 pián　　（便宜）

差 chā　　　（差别）——差 chà　　　（差劲）

差 chāi　　（出差）——差 cī　　　（参差）

刹 chà　　　（刹那）——刹 shā　　　（刹车）

长 cháng　　（长短）——长 zhǎng　　（长辈）

朝 cháo　　（朝向）——朝 zhāo　　（朝霞）

称 chèn　　（称心）——称 chēng　　（称呼）

匙 chí　　　（汤匙）——匙 shi　　　（钥匙）

臭 chòu　　（臭味）——臭 xiù　　　（乳臭）

传 chuán　　（传说）——传 zhuàn　　（传记）

大 dà　　　（大小）——大 dài　　　（大夫）

弹 dàn　　　（子弹）——弹 tán　　　（弹琴）

调 diào　　（声调）——调 tiáo　　（空调）

都 dōu　　　（全都）——都 dū　　　（首都）

恶 è　　　　（丑恶）——恶 wù　　　（厌恶）

佛 fú　　　（仿佛）——佛 fó　　　（佛教）

脯 fǔ　　　（果脯）——脯 pú　　　（胸脯）

还 hái　　　（还有）——还 huán　　（归还）

会 huì　　　（会面）——会 kuài　　（会计）

降 jiàng　　（降落）——降 xiáng　　（投降）

觉 jiào　　（睡觉）——觉 jué　　　（觉醒）

卡 kǎ　　　（卡片）——卡 qiǎ　　　（关卡）

率 lǜ　　　（利率）——率 shuài　　（率领）

埋 mái　　　（埋葬）——埋 mán　　　（埋怨）

没 méi　　　（没有）——没 mò　　　（埋没）

奇 qí　　　（奇怪）——奇 jī　　　（奇数）

什 shén　（什么）——什 shí　　（什锦）

省 shěng　（省略）——省 xǐng　（反省）

盛 shèng　（盛行）——盛 chéng　（盛饭）

校 xiào　（学校）——校 jiào　　（校对）

行 xíng　　（行走）——行 háng　（行列）

宿 sù　　　（宿舍）——宿 xiǔ　　（一宿）

　　　　　　　　　——宿 xiù　　（星宿）

咽 yān　　（咽喉）——咽 yàn　　（吞咽）

　　　　　　　　　——咽 yè　　（呜咽）

乐 yuè　　（音乐）——乐 lè　　（快乐）

重 zhòng　（重要）——重 chóng　（重新）

(2)常见的28组异音同义字(异读字)：

薄 báo——薄 bó　　　　　臂 bì——臂 bei

剥 bō——剥 bāo　　　　　颤 chàn——颤 zhàn

畜 chù——畜 xù　　　　　逮 dài——逮 dǎi

嚼 jiáo——嚼 jué　　　　　壳 ké——壳 qiào

勒 lè——勒 lēi　　　　　　露 lù——露 lòu

绿 lǜ——绿 lù　　　　　　落 luò——落 lào

模 mó——模 mú　　　　　尿 niào——尿 suī

疟 nüè——疟 yào　　　　　雀 què——雀 qiǎo

色 sè——色 shǎi　　　　　塞 sè——塞 sāi

谁 shéi——谁 shuí　　　　熟 shú——熟 shóu

尾 wěi——尾 yǐ　　　　　吓 xià——吓 hè

巷 xiàng——巷 hàng　　　削 xuē——削 xiāo

血 xuè——血 xiě　　　　　钥 yào——钥 yuè

择 zé——择 zhái　　　　　爪 zhuǎ——爪 zhǎo

二十六、书籍的演化

先有语言，后有文字。有了文字之后，人类开始以各种材料、各种工具来记录日常事物，来总结每一件事情的成功和失败。于是书籍就出现了。

不过，在纸张没有发明以前，世界上每个民族用作书写文字的材料，是形形色色的。比如，印度人用过椰子树叶，缅甸人用过棕榈树叶，巴比伦人和小亚细亚人用过泥板，罗马人用过蜡板，非洲的民族用过羊皮。

我们中华民族则经历了由甲骨的"书"、青铜的"书"、石头的"书"、竹简的"书"、丝帛的"书"，直到纸本书。

我国的书籍经历了一个非常漫长、非常艰难的演化道路。

另外，和竹简书并行的，还有一种木板的书，叫作版牍，就是在光光滑滑的木板上写字。板是长方形的，所以叫作方版。

画在方木板上的地图，叫作版图。直到今天，我们把一个国家的疆域还称为版图，就是沿用了古代这一习惯称呼。

版牍书籍由于材料来源方便，制作也比在甲骨上刻字、在青铜上铸字方便得多。因此，使用比较广泛。版牍书对于推进我国当时经济文化的繁荣起了很大的作用。

但版牍书十分笨重，阅读和携带都不方便。后来人们才开始用丝织物写字成书。一本书就是一卷帛。卷子的长短以文字的长短而定，最长的帛书可以有几丈长，短的则只有三四尺。帛书是用一根细棒为轴，从左向右卷成一束。所以这种书卷又叫卷轴书。

卷轴是我国书籍最早的装订形式。杜甫诗中说，"读书破万卷，下笔如有神"，以及我们平常说的"手不释卷"等等的卷字，就是以卷为书册，一直流传下来。

西汉年间,我国发明了造纸术,顿时使我国图书事业有了大的发展。公元八世纪前后,我国又发明了雕版印刷术,书籍的形式就更加完美了。

在古代印本书中,"宋版书"是世代公认的珍本。它们的雕版技术非常精美,字体整齐浑朴,疏朗悦目,纸质优良,墨色清纯,可以作为艺术品来欣赏。

到了元末明初,套板印刷术发明了。中国传统的版画技术也随之应用到书籍的印刷中。因此,明清时期刻印的许多书籍,不仅套印各种颜色,而且有工细的插图,例如明版本的《三国志演义》就有240幅精美的插图,《水浒》《西游记》也都有类似的版本。套色印书与雕刻版图画并重,成为中国书的传统特点之一。

雕版印刷术的发明也推动了古书籍形式发生了变化,即由卷轴式过渡到将印刷散页积在一起,装订成册的册页书。这一形式,至今仍为书籍的普遍形式。

随着科学技术的日益发展,当今的书籍已有了更新更美的发展。但人们总不会忘记,书籍所经历的漫长而艰难的历史。

二十七、竖字横写

中国的汉字，自上而下、由右向左的竖写方式，从殷周就开始了。因为甲骨文、金文都是这样写的。这种书写方式一直延续了几千年。

然而，这种书写方式，并不合乎人们的生理特点。尤其是近代，汉字里经常引用外文，书写阿拉伯数字，使用新标点符号，汉字竖写就更加别扭了。

提出改汉字竖写为横写的第一个人，是我国新文化运动的先驱者之一，《新青年》杂志编辑之一的钱玄同。

在《新青年》杂志1917年第三卷第三期上，刊登了钱玄同致陈独秀的公开信，首次提出了汉字"竖改横"的意见。他说："人目系左右相并，而非上下相重。试立室中，横视左右，甚为省力，若纵视上下，则一仰一俯，颇为费力。以此例彼，知看横行较易于直行。且右手写字，必自左至右，均无论汉字、西文，一笔一势，罕有自右至左者。然则汉字右行，其法实拙。若从西文写法，自左至右，横迤而出，则无一不便。"

以后，钱玄同连续在《新青年》杂志上发表了四篇公开信，积极倡导"竖改横"的主张。

陈独秀和陈望道等学者，也都曾致信钱玄同，表示赞许。接着，又有更多学者著文提倡。然而，这项看来很容易的改革，真操作起来倒也不是件容易的事。

事实上旧中国几十年也没有改。现在香港、台湾仍然是自上而下、由右向左的竖写方式。

中华人民共和国成立后，非常重视文字改革的工作。1951年政务院就发了指示。1955年在全国文字改革会议上做出决议：对印刷要横排，书写要横写。从那以后，汉字自左至右，由上而下的横写终于得到了实现。

二十八、标点符号的由来

标点符号是现代书面语言的有机组成部分,是书面语言表达语气的符号。它和文字组合在一起,好像红花绿叶一样。现在人们使用标点符号已经成了习惯,没有标点符号就不能准确的表达意思了。

其实,我国使用标点符号的历史并不长。大家知道,从甲骨文、金文、篆书、隶书,有的刻在甲骨上,有的铸在铜器上,有的刻在石头上,有的刻在竹简上,那时根本没有产生标点符号,所以,我国古代的书面语言,没有标点符号。看一段文字,需要读书人自己断句。读书人在读书时,用圆圈和点来标明,这也是一种简单的符号。过去人称它为"句读"。

直到清朝末年,有人把西洋书面语言的标点符号移植过来,并且掺入了我国原有的"句读"。也就是圆圈和点,制作出一套比较适用的标点符号。

例如,1897 年广东东莞人王炳耀草拟了十种标点符号。草拟时期就有了十个,说明还是比较完整的。但是,当时的保守思想太严重,根本不能推行。

到了 1904 年,商务印书馆出版了《英文汉诂》这本书,开始使用了外国的标点符号。

在 1909 年,鲁迅和周作人合译了一本《域外小说集》,是在日本印行的,书中也引进了部分标点符号。

辛亥革命以后,虽然出版的书籍也采用了一些标点符号,但对它不重视,忽视了它的作用和价值。例如,当时商务印书馆计算稿酬时,却把标点符号除外,因而引起鲁迅先生的反感。据说,鲁迅曾写了一篇文章,故意不用标点寄出去,造成编辑部审稿极为困难。于是写信给鲁迅,请他在文章中加上标点,并且同意把标点符号也论字支付稿酬。

这些都是标点符号使用过程中的一些故事。真正比较全面系统地引进标点符号，要算修辞家陈望道先生了。他于1918年5月，在《学艺》杂志上发表了《标点之革新》一文，介绍西洋标点符号十种。同年5月起，《新青年》杂志全用白话文，全加标点符号，这一下子影响很大，不到半年，全国就有四百多种报刊仿效施行了。

1920年2月，北洋政府的教育部，也根据胡适、钱玄同等人的建议，下令全国采用十二种标点符号。

全国解放后，中央人民政府出版总署在1951年9月公布了"标点符号的用法"。这一年十月，中央人民政府政务院又颁布了"关于学习标点符号的指示"。要求各单位处理文件、出版报刊、语文老师讲课和学生学习，都要正确使用标点符号。

这样一来，使汉字更加准确、生动地表达意思了。这就等于给古老的汉字长上了一双新翅膀。

二十九、有趣的演变

一字多体、笔画不定的甲骨文，方正厚实、刚正不阿的隶书，稳重宁静、风格圆滑的楷书，书写自由、浪漫唯美的行书，豪放不羁、简洁流畅的草书……任何一种字体都是经过长期的演变才最终形成的，汉字亦不例外。自秦始皇统一六国制定标准字体，中国文字史上的大变革拉开了序幕，大篆、小篆、隶书、楷书、行书、草书一个个粉墨登场，在文字长河中留下了自己独特的风采。

汉字从甲骨文到如今的简化字，好像走过了一条奇妙的道路。懂得了它的演变历程，这不仅仅是关于汉字问题，而且是世间一切事物的辩证法。

我们可以从演变中得到知识，得到趣味，同时也增长认识客观世界的本领。

(一)丁

□:甲骨文的形体。就是一个方口，从上向下看，是一个方形头的钉子。

▼:金文的形体。像钉子侧视的样子，上部大是钉子头，下部小是钉子尖，像一颗秃钉子的样子。

个:小篆的形体。上部不大像钉子头了，下部仍像钉子身。

丁:楷书的形体。把小篆上部的人字拉平了，变成一条横，它已不像钉子了。

可见"丁"字的本义,就是今天的"钉"字,是个象形字。后来因为读音的关系,所以就被假借为"天干"的第四位了。那么原来当"钉子"讲的"丁"怎么办呢?只好在左边加上个金字旁,表示钉子是金属做的,写成"钉"。这样就从象形字变成了一个左形(金)右声(丁)的形声字了。

(二)气

:甲骨文的形体。就是三条线,表示空中浮动的云气。

:金文的形体。

:小篆的形体。

金文与小篆基本上与甲骨文的形体一样,仍有云气的形状。

:楷书的形体。反而更复杂了,"气"的下部又增加了一个"米"字,变成外声(气)内形(米)的形声字,表示馈赠的意思了。比如《左传》中有一句话:"齐人来氣诸侯。"是说齐人拿着东西来馈赠诸侯。

气:这是简化字的形体。

气字本义是云气。后来又引申为"天气"、"气候";后来又引申为"元气",是指一种无形的气。

(三)介

:这是甲骨文的形体。面朝左侧站立着一个人,手臂向下伸展,腿部的前后四点,是护身的铁甲。

:这是金文的形体。有一个曲背弯腰形的人,铁甲前后变成两片。

:这是小篆字形体。形体基本上与金文相同。

介：这是楷书字的形体，已经看不出铁甲片了。

介字的本意就是铠甲，是个象形字。后来引申为"一个"的意思。比如"一介书生"、"介绍"等等，但没有改变它的写法。

（四）从

屮：这是甲骨文的形体。两个面朝左边站着的人，一个跟随一个，表示前后相从的意思。这是个会意字。

从：这是金文的形体，与甲骨文没有多大区别。

从：这是小篆字的形体，仍然是二人相从的样子。

從：这是楷书的形体，反而变得复杂化了。

意思是，既然是两个人相从就有行走的意思，所以在形体右下部加了个"止"（止，就是脚），又在左边加了个"彳"（表示行动）。

从：这是简化字形体，是借用了古体字，并不是新造的简化字。

"从"字的本义是"跟随"的意思，后来引申为顺从，又引申为"自"或"由"的意思。

在称呼中"从"字很多：从女就是侄女，从子就是侄儿，从父是伯父或叔父，从母就是姨母。

（五）儿

ʞ：这是甲骨文形体。一个面朝左站着的大脑袋娃娃，头顶是开口的，表示娃娃的头骨还没有合缝；大头下边是娃娃的手臂和腿。

ʞ：这是金文的形体。基本上像甲骨文，不过不太像人形了。

兒:这是小篆的形体。上部是个大圆头,下部的手臂和腿有了变化。

兒:由小篆变成楷书字,笔道变直了。

儿:这是简化字,把娃娃头去掉了。

(六)半

半:这是金文的形体。它的上半部是个"八"字,就是"分"的意思;下半部是个"牛"字,把一头牛分成两部分,就是半的本义。

半:这是小篆的形体。基本上和金文差不多。

半:这是楷书的形体。字形走样了,上半部的"八"字,变成了两点;下半部的"牛"字,变成两横一竖。

"半"字的本义就是二分之一。如半斤肉、半个中国、半壁江山等。

(七)双

雙:这是金文的形体。上半部是嘴朝上的两只鸟(隹),下边是一只手。可见这是一个会意字,是说一只手抓住了两只鸟的意思。

雙:这是小篆的形体。基本上同于金文。

雙:这是楷书的写法。由小篆变来,结构一样。

双:这是简化字形体。以两个"又"字,表示成双成对的意思。

"双"的本义就是一对。如"一双筷子"。可以引申为"偶"的意思,与"单"成反义词。后来又引申为比较的意思,比如"其相无双",就是说,她的相貌,没有人能跟她相比。

(八)男

畕:这是甲骨文的形体,是个会意字。左边是个"田",右边是个犁。古时候,劳动有所分工,耕田犁地的事由男人担任,所以称为"男"。

𤰒:这是金文的形体。基本上和甲骨文一样,只是犁有所变形。

男:这是小篆的形体。犁的形状,变成了"力"字。

男:这是楷书形体。笔画拉平,变成了"田"与"力"两部分。耕田犁地是需要力气的。

"男"字的本义,是指能在田里劳动的壮年男子。古书《礼记》上说:"三十而有室,始理男事。"就是说男子长到三十岁成家立业,开始做男人该做的事。

"男"字在周朝时有五等爵位,叫作"公、侯、伯、子、男"。

这种爵位到清朝时还沿用。

(九)刑

𢦏:这是甲骨文的形体,是个象形字。它像一个人被关在水牢之中。

𠛬:这是金文的形体。它把"人"移到了"井"外。

𠛬:这是小篆的形体。它发生了变化,将金文右边的"人"变成了"刀",表明用刀加刑;"井"内加了一个点,表示指示符号——水在其中。

刑:这是楷书形体,又发生了变化:把"井"变成"开","刀"变成了

"立刀旁",变得面目全非了。如果不了解这个字的演变过程,那就无法知道这个"刑"字的字形与字义有什么联系了。

"刑"字本来就是"刑罚"的意思。后来又引申为"治理",引申为"杀"的意思。

(十)贞

:这是甲骨文的形体。它的上半部是个"卜"字,下半部是个"鼎"字。"鼎"就是古时候,用来做饭的三个足的大锅,在这里表示火具,就是"用火具而卜"叫作"贞"。

:这是金文的形体。上半部仍有一个"卜"字,下半部的"鼎"字,只是变了一下形。即以火烧灼甲骨,据烧灼后出现的纹理卜吉凶。

:这是小篆的形体,把"鼎"改成"贝"字了。

:这是楷书的形体,把线条拉平了,仍有"卜"形。

贞:这是简化字的形体,仍有"卜"形。

"贞"字的本义就是"占卜",如《周礼》有一句话说:"以贞来岁之媺恶",就是说,"以占明年的吉凶"。

后来,这个"贞"字又假借为"坚贞"、"贞节"等意义。

(十一)冬

:这是甲骨文的形体,就像一段缘或者一根绳索。两头都打上了结,表示两个顶端,也就是"终结"的意思。而冬季又是一年四季中的最末一个季节,所以就借用了这个"冬"字来表示。那么,再表示"末了"的意思该怎么办呢?于是就在"冬"字左边加一个"缘",造成了一个新的形声字"终"字。

📷:这是金文的形体。字体有了变化,把一个"日"字包在形体当中了。表示太阳光照不出来,不温暖了,所以也就是"冬天"的意思。

📷:这是小篆的形体。较甲骨文和金文又有了较大的变化,把金文当中的"日"去掉了,又在其下增加了一个"仌"(冰字)。这样改,成了不见太阳,只见冰,天气更加寒冷了。

冬:这是楷书的形体。为了书写方便,把下边的冰块改成了"两点"。

"冬"字后来也有做象声词的时候。比如"棠梨花开社酒浓,南村北村鼓冬冬",表示鼓声。后来人们又造了一个"鼕"字,表示鼓声。因为书写太复杂,后来就变成了"咚咚"了。

(十二)历

📷:这是甲骨文的形体。上部是两根禾苗,表示一行行庄稼;下部是一只脚(止),脚趾朝上,脚后跟朝下,表示脚从一行行庄稼上走过去。

📷:这是金文的形体。在左边加了个"厂"字,表明在山崖之前有一片庄稼,但没有被人踏过的意思。

📷:这是小篆的形体。它是甲骨文和金文的合并,表示更全面的意思。山崖有一片庄稼,被人用脚踏了。

📷:这是楷书形体,是直接从小篆变来的。

历:这是简化形体。它变成了一个外形"厂"内声"力"的新形声字了。

"历"字的本义,是经过的意思。后来从这个意义出发,产生了叠音词"历历",如"历历在目"等。

历书的"曆"字,是后人新造的字。"曆"是"日曆"的"曆",所以以"日"代"止",很有道理。由此可见"歷"和"曆"是古今字的关系。"歷"是古字,"曆"是今字。

现在都简化成"历"字了。

(十三)匠

匠:这是金文的形体,是个会意字。它的外框"匚",是口朝右可以装木工家具的方口箱子。其中的"斤"就是木工用的斧头,所以上古时只有木工才叫"匠"。

匠:这是小篆的形体,是从金文演化来的。

匠:这是楷书的形体,是从小篆变来的。

"匠"字的本义就是木工,也叫"木匠"。可是到了后来,所有具有专门技术的人都称为匠。

后来又引申为"匠心",就是"工巧的心思",比如说"匠心独运"等。

(十四)孝

孝:这是甲骨文的形体,是个会意字。它好像是长着长头发的老人。

孝:这是金文的形体。它的上部是背有些驼的"老人","老人"之下有"子"(小孩),老人的手按着小孩的头,小孩用头扶持着老人行走。真是个"孝子"啊!

孝:这是小篆的形体。基本上和金文相近,只是老人的手不见了。

孝:这是楷书的形体。它变化很大,完全失去了形象的意味。

"孝"字的本义,就是对老人的"孝顺"。古书上也有"孝乌"一词。据说,乌鸦能够反哺。小乌鸦能够独立生活之后,就去觅食叼给老乌鸦吃,所以称为"孝乌"。

(十五)弓

弓:这是甲骨文的形体。它左边是弓背,右边是弓弦,很像古代勇士所持的一张强弓,所以它是个象形字。

弓:这是金文的形体。只有弓背而省掉了弓弦。

弓:这是小篆的形体。大体与金文相近,还有"弓"的样子。

弓:这是楷书的形体,已经看不出弓形了。

"弓"的形状是弯曲的,如"弓腰"。还有古时女子的"弓鞋",有"草根露湿弓鞋绣"的诗句。

还有做长度讲的地方,比如"步弓",一弓等于五尺。

"弓"字是部首。凡是由"弓"组成的新字,大都与弓矢有关。如,"弦"、"弹"、"张"、"弩"、"弛"等字。

上边我们拿出了十五个字,看了看它的演变过程。

现在我们从这些变化现象中,总结出一些规律。

一、从甲骨文演变为现在的楷体汉字,其间大的变化有两次。

甲骨文和金文统称为"殷周古字",它们比较接近。从殷周古字变为小篆,这是第一次大的变化——就是由异而同。大量的异体字被淘汰了,字形也比较统一了,由“字无定形”,随物画形,而变成了青一色的长方块。从而奠定了我们汉字的“方块型”的根基。由方笔到园笔,文字线条化了。到这个时候,汉字的“象形”特点消失了大半。

第二次大的变化:从小篆变为隶书。隶书变小篆的长方形为扁方形,变长线条为点画,变圆笔为方折,变瘦笔为肥笔,而且有了粗细、波势。到了这个时候,汉字的图画意味就完全消失了。

楷书和隶书比较接近。由隶而楷只是进一步的简化而已。因为要便于应用,字体演变的总规律就是由繁而简,一次比一次容易书写。用下边两个字做一下比较,一看就明白了。

甲骨文　　金文　　小篆　　隶书　　楷书　　简化字

二、字体的演变一定要影响到汉字的结构。

常常是这样:笔画变了,字的结构也就跟着变化了,也就是说笔画的简化一定带来结构的简化。

汉字字体的演变对于结构的影响,大致可以概括为以下几个方面:

(一)删繁就简

文字要便于书写,书写要简便。在汉字的演变中,许多字的重复部分被省去了。比如说“星”字,在甲骨文里写作 ▒（五个小方块表示繁

星,"生"字是声符)小篆省去了两个"星"写作:

隶书、楷书又省去了两个星,写作:星。

汉字是方块字,方块形体的笔画和结构要求平衡。简化的目的,就使字的各部分之间保持了平衡,不使一部分太臃肿,也避免一部分太宽或太长。这就是删繁就简的意义。

(二)变换部位

甲骨文和金文图画性强,字形随着画人画物而定。

小篆划一为长方形,有些笔画不匀称的字,不得不打破原来结构,以

适应"方块"的要求。例如"保"字。金文写作:

小篆写作:

小篆是长方形,隶书是扁方形。一些由上下两部分迭合起来的字,在小篆里写起来很方便,可是在隶书里就困难了。于是变上下结构为左右结构了。

例如: —峰

还有一些字,它们的偏旁安排和笔画不便于书写,随着毛笔的运用,

这些字也改变了原来的写法。比如,小篆的" 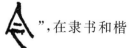 ",在隶书和楷

书里都分别写作"有、今"了。

（三）由同而异

有些偏旁在篆书里,不管放在什么位置,它们都是一样的写法,可是在隶书和楷书里就一个变成两个或几个了。例如"水"字。在小篆里不管在上在下,还是在左在右都写作: 。而在隶书和楷书里,因部位的不同就改变了写法。又比如"心"字,在小篆里都写作: 。而在楷书和隶书中则分化为"心"、"忄(情)"、"小(恭)"。还有"人"分化为"人(企)"、"亻(仁)";"刀"分化为"刀(剪)"、"刂(刻)";"衣"分化为"衣(袋)"、"衤(袖)";"手"分化为"手(掌)"、"扌(拾)"等等。

在甲骨文和金文里,同篆书一样,偏旁也不因部位而形体不同。只是在甲骨文和金文里异体字较多,写法本来就不完全一致罢了。

（四）由异而同

和前一种情况正好相反,有些构字成分(偏旁或者有独体字的某些笔画),在小篆里完全不同,可是在隶书和楷书里却变成了一个。例如"鸟、鱼、马、然"这四个字,在小篆里分别写作: 。

"鸟"的两足、"鱼"的尾巴、"马"的四条腿,"然"字下边的火苗儿,在隶书与楷书里变成了同样的四点,毫无区别了,简化字多数变成了一横。

当然,字体的演变同书写工具的改变有一定关系。不过,字体之所以发生变化,主要是因为人们在劳动生产中要求书写的方便,总的趋势是由繁到简。因此,我们可以得出这样的结论:逐步简化汉字,是符合汉字自身的变化规律的。这一点是表现得很明白的。

三十、李老师谈字形、字义

小明和小亮都是六年级 1 班的好学生。他俩都很聪明，又肯思考问题。

有一天小明突然对小亮说："小亮，每当我读书和做作业的时候，我常常发现，摆在我眼前的一个个汉字，在形体、意义和读音方面，有好多都是统一的！"

小亮听了高兴地说："对啦，我也常常发现这种现象，这里边一定有它的规律！"

"是。"小明说，"那么，我们怎样通过汉字的形体，来寻求它所表示的意义呢？"

两个人议论来议论去，还是总结不出它内在的规律来。带着这个问题，他们请教了李老师。

李老师听了他们的话，心里很高兴，夸奖他俩说："你们真是肯动脑筋的孩子呀！"

于是，对小明和小亮说："我国的汉字，是一种很奇妙的文字。从它的构造方法和外部形态，都有一定的规律。这个问题，我已经跟你们讲过了。现在，你们提到的问题，其实就是汉字的形、音、义的关系。"

小明和小亮对李老师非常崇拜，因为李老师对文字很有研究，而且能把知识通俗易懂地讲给学生。

他俩很认真地听着李老师讲下去。

李老师说："字义，就是一个汉字所表示的单音词的意义。在古汉语中以单音词为主。一个字，通常就是一个词。比如说，'人、山、水、唱、高……',它们既是一个字,也是一个词。字义和词义是一致的。因此说,汉字是表意文字。字和词,造字之初,汉字的形体一般都能说明它所表示的意义——具体的意义,或者是类别的意义。象形字的字形具有直接的表意作用。因为它所表示的都是常见的东西。所以意义也容易理解。指事字的意义是用指点的方法表示出来的,只要做一下分析,意义一般说也不难理解。会意字的意义是由几个形体联合起来表示的,只要思考一下,它的意义也能够想起来。形声字的意义和它的形旁有关,它的形旁就是表示形声字的意义属于哪一类的。"

小明和小亮听得很认真,一边回想着李老师过去讲过的汉字的结构,一边仔细地思考着现在所学的知识。

"那么,现代汉语呢。"李老师继续说,"现代汉语就以复音词,主要是双音词为主了。复音词是由两个以上的汉字来表示的。比如'人民、熔炼、江山、红旗、辩证法……'。组成复音词的两个或几个汉字,原来大都是一个单音词。了解了这些汉字的意义,不但可以避免出现错别字,而且可以帮助我们更好地理解复音词的整体意义。例如'熔炼'的'熔'字,因为固体受到热度才能变成液体,所以就必须是'火'字旁,不能写成三点水。再比如,有一个词叫'脍炙人口'。你们说,这个词怎么解释呢?"

小明心灵口快,立刻回答说:"就是对好的事物,人们争相称赞或传诵的意思!"

小亮也说:"对一篇好文章的赞扬,也可以叫'脍炙人口'!"

"很对。"李老师点点头说,"对于这个词,拆开来讲就是:'脍'是细切的肉,炙是烤肉。'脍'和'炙'都是可口的,人们爱吃的东西。这样弄清了字义,才能真正理解这个成语的含义和用法了,才不可能错写成'脍灸人口'了! 对吧!"

小明和小亮都悄悄地笑了。

李老师喝了一口水，停顿了一会儿。小明说："李老师，从甲骨文、金文和篆字来看，汉字的形体是都能够直接说明字义的。由于汉字经过长期演变，变成了现在的楷体字，成了一个个的小方块，所以从形体上就很难看出它们的本来意义了。"

小亮接着说："哎呀，这样说来，我们怎么能够通过字形构造来了解汉字的字义呢？我们不可能一个一个地追溯到上古的文字呀！"

李老师笑了。他说："这个问题，当然有办法呀！一个一个地追溯上古文字的原貌，然后再逐个地分析它们的构造方法，才了解它的意义，是很难做到的。现在比较简单的方法就是分析字的部首，通过部首来了解汉字的意义。因为部首字不多，掌握起来也不难，可以达到事半功倍的效果。同时还能够从一个部首字的意义推知出许多字的类属来呢！"

小明和小亮齐声说："啊，就是我们查字典时，遇上的那些部首啊！"

"对。"李老师说，"等明天我再给你们讲讲关于部首的问题吧！"

三十一、李老师谈部首

第二天,小明和小亮放学以后,又留下来借李老师休息的时间,请他讲了如下的内容:

第一,什么叫部首?第二,部首的创建及变化。

李老师说——

大家都知道,汉字有独体和合体的区别。象形字和指事字是独体字,会意字和形声字是合体字,合体字是独体字组合而成的。

大家还知道,合体字的每个组成部分,叫"偏旁"。偏旁有两种:第一是表示字音的叫声旁,表示字义的叫形旁。形声字必须有一个表意的偏旁(形旁)。会意字的每一个偏旁都是表意的,以表意偏旁做部首。凡是含有同一形旁的隶属其下,这就是一部。部首字(有些部首字,现在变化的已经不成字了)放在一部的开头,作为一部之首,所以叫做"部首"。

汉字的形体构造,能够说明字(词)义,那么,字的形、义一般都是统一的。同一部首的字,和部首字所表示的事物或行为有关。例如"人"部的字和人有关,"木"部的字和木本植物有关,"心"部的字和人的心理活动有关等等。所以,分析部首,有助于我们寻求字(词)义。

当然,部首只是表示个"类别"意义。不过,这类别意义可以帮助我们了解字(词)的具体意义。一个字,看一看它的形体,再联系到它的读音,这个字的具体意义就清楚了。例如,"慕"字从"忄"(心),我们就知道这是"羡慕"的"慕"字了。还有一些字,它的具体意义和部首字所表示的类别意义很相近,看一看它的形旁,它的具体意义也就不难理解了。例如"躯"字,在"身"部,从"身"旁就可以推断出"为国捐躯"的"躯"字当什么讲。"躯"和"身"的意义并不相等。"躯"专指人身,而"身"可以指人身,也可以指物身。

此外,部首还可以帮助我们区别和确定一个字(词)的多种意义。如果一个字具有两种和两种以上的意义,其中有一个是本意,其他的是引申义和假借义。

本义就是造字之初的本来意义。当一个字被借去当做其他的意义讲,就是假借义了。如果是在本来意义上引发出来的意义,就叫引申义了。

比如说这个"道"字,如果查字典,有"道路、方法、道理、学说、叙说"等的解释。"道"字在"走之儿"部,所以说,我们可以知道,"道"的本义是"道路"。其他都是引申义了。

再比如"骗"字,在字典里可以有两种解释:一是"跃马而上",二是"欺蒙"。"骗"字在"马"部,那么我们可知,第一种解释是本义。"欺蒙"这个词与"马"无关,它就是假借义了。

大家知道,先有语言而后有文字。汉字是表意文字。我们知道了部首,就可以帮助我们寻求和分辨字(词)了。

李老师博古通今,他又讲了部首的起源和变化——

部首是在东汉时,有一个叫许慎的大学问家,也是古文字家创建的。《说文解字》这部书就是他首次按部首编排的一部字典。

这部书共15篇,14篇正文,有一篇叙言,一共收入了9353个字。许慎按照不同的表意偏旁,把那些篆体汉字分成540个部,也就是540个部首。然后,他又把形体或意义相近的部首放在一起,成为一类,把540个部首又归纳为十四大类,也就是十四篇。比如"人、匕、从、比、北、卧、身、尸、儿、兄、见、先、欠"等部归为一类。从"人"部开始,全篇36部都是由"人"株连而涉及到的:"匕"是反写的人形,"从"是二人相背,"北"也是二人相背。"身"像人身,"尸"像人卧,凡此种种都和"人"字有关。还如,"目、眉、盾、自"归为一类,等等。

《说文解字》是通过汉字形体构造来说明本义的。每一个字的下边,都是先说造字时的本来意义,然后分析造字方法以做证明。象形字指明"象形"。比如:"鱼,水虫也,象形。"指事字常说"像某某之形"。例如:"刃,刀坚也。象刀有刃之形。"会意字不直说"会意",而说"从某","从某,从某","从某某"。例如:"杲,明也。从日在木上","相,省视也。从目,从木","夫,丈夫也。从大,从一"。形声字也不明说"形声",而是说"从某,某声"。例如:"忠,敬也。从心,中声"。还有一些"省形"、"省声"的字,就加注"省"字字样。例如:"考,老也。从老省,丂声"。这是省形的字。省声的字比如:"恬,安也。从心,甜省声"。

《说文解字》把字的形旁(意符)作为部首,所以它的部首一般能够说明所属字的字义。每一部的开头,都是先从形和义两方面来解释部首字的,然后说"凡某之属皆从某"。这就告诉读者,凡是以这个部首为形旁的字、字义都和这个部首字的意义有关。比如说"米"部,开头先解释"米"字:"米,粟实也。象禾实之形。凡米之属皆从米"。再比如"人部",开头先解释"人"字:"人,天地之性最贵者也。象臂胫之形。凡人所属皆从人"。

《说文解字》虽然发明了部首,但却分部太多,编排太乱,不容易查找。比如,有些部首可以合并,有些部首不准确,有些部首的编排靠形似或意近,界线分不清,难以找出规律。现代字典就解决了这些,以部首笔画多少来排列先后,就容易多了。

我国自明朝、清朝以来,部首的数目变了。具体字的分类也有很大变化。明朝有个人叫梅膺祚,他著作的《字汇》一书,把部首压缩到214个。清朝的《康熙字典》、《辞源》以及旧《辞海》,都是仿从《字汇》,保持到

214个部首。现在的《新华字典》，又减少到201个部首。这都是为了检字的方便。而《说文解字》的部首，都与所属的字义有关。所以说，称它为"文字学原则"的部首。后来的部首与所属字义不一定有关，所以称它为"检字部首"。比如说"甥"字，说文解字中在"男"部。"从男，生声"。"男"字能说明"甥"的字义。后来的字典在"生"部，"生"和"甥"字字义无关了。

我们了解一些主要部首的本义，对于加深理解现代楷体汉字的字义，对于识字和读古文，对于使用按部首编排的字典、词典都是有好处的。

李老师最后做的这个小小的总结。小明和小亮听了，都觉得收获很大。

最后，李老师给他们留了一点作业：回去查查《新华字典》，找出1—10画的部首有哪些？并且能够解释出来这些部首的本义。

小明和小亮高高兴兴地回家去了。

三十二、李老师谈字音

小明和小亮回家后，认真完成了李老师留给他们的作业。李老师看后，很高兴，夸奖他们回答得都很好。

今天是星期天。小明和小亮向李老师请教起关于汉字的读音问题。

小明问："老师，我爷爷常常说'秀才识字读半边'，难道真的有道理吗？"

李老师笑笑说："不能说没道理。只能说，如果都用这种方法来蒙字，那就不行了。但是，在汉字中，形声字占汉字总数的百分之八、九十，所以说这是个大多数。大多数形声字的读音是它的声旁。所以说前人才总结出来这么一句话。有些字照半边来读，确实可以。比如，'沧、苍'、'材、财'……。它们同声（声母）、同韵（韵母）、同调（声调）。"

"那么，是不是现代汉语中的字，大都可以照'读半边'来读呢？"小亮问。

李老师摇摇头，说："这是不可以的！""这是为什么呢？"小明问。

李老师这才又滔滔不绝地讲起来——

首先，我们知道语言是发展变化的。当初造字时能正确表音的声旁，现在未必还能表音。例如，"江、河"。它们的声旁就都不能表音了。尤其是汉字发展到简化字，声旁就更失去了表音的作用。

归结一个根本原因就是：汉字的特点是表意的，而不是表音的文字。声旁不是字母。

从现行的通用汉字来看，形声字和它的声旁之间大体有四种情况：第一是声母和韵母完全相同，也就是声同韵也同；第二是声母相同，而韵母不同,也就是声同韵不同;第三是韵母相同而声母不同,也就是韵同声不同;第四是声母和韵母都不同,也就是声韵全不同。

第一种情况,声旁能够或者是基本上能够正确表音。只是有些字声调不同。第二第三类情况,声旁有表音作用,但不能准确表音。第四类情况,声旁就完全失去了表音作用。

弄清了这四种情况,可以减少或避免读错字。

李老师讲到这里,给小明和小亮又布置了作业:按照这四种情况,每种情况各找出十个例字来。

小明和小亮都用笔记在本子上,继续听李老师讲——

还是那句话,汉字是音、形、义的统一体。每个汉字都有一定的读音。汉字的读音相当复杂。看到一个生字,就能凭形体正确读出音来,是不容易的。因为,汉字中的纯表意字(象形字,会意字、指事字)是所谓的"哑巴字"。它们是完全不表音的。这些字,只能硬记。多数汉字虽然是形声字,可是它的表音的成分有所限制。刚才我们已经讲到了。再有,就是汉字中一字多音的现象极其普遍。

一字多音叫多音字。多音字有三种类型:一是多义多音字。比如生长的长(zhǎng)和长短的长(cháng)。二是同义多音字。例如扫地的扫(sǎo)和扫帚的扫(sào)。三是异读字。比如,"波"字有 bō 和 pō 两种读音。

你们可以再思考一下,每种情况各举出几个例字来。

同一个汉字,为什么出现了多义多音?这个原因是复杂的、多种多样的。

李老师继续讲——

第一个原因是,某些字的某个意义,至今还保留着古时候的读法。这里边主要是姓氏、人名、地名占多数。例如,古代哲学家墨翟的翟(dí),

不读 zhái；再如河北省的蔚县的蔚（yù）不读 wèi。

第二是字义引申的结果。比如"中"的两种不同读法：zhōng、zhòng。

第三是用字假借的结果。例如"说"字，本义是解说、说话等。用它来借以表示喜悦，该读作：yuè，和"悦"是同一个意思。

下边再讲同义多音字。有些字，当它表示这个词和词素时是一种读法。表示那个词或词素时，又是一种读法。而字义却没有明显的差别。这种字叫同义多音。比如"剥"字，单读念 bāo（剥花生、剥瓜皮等），可是在"剥削"一词里就读作 bō 了。

再就是异读字。异读字就是怎么读的都有。其实这是一种读音不规范的现象。比如，"波浪"的"波"字，有 bō 和 pō 两种读音。"凹凸不平"的"凹"字，有 āo、yāo 和 wā 三种读法。

这种读音不规范的现象，会造成字音的混乱。为了实现汉字字音的规范化，1956 年，中国科学院成立了普通话审音委员会，经过几年的工作，对大约两千多个词的读音进行了审定，先后发表了三批审音材料。1963 年 1 月，编成《普通话异读词三次审音总表初稿》发表，给异读字规定了标准，废除了异读字。

李老师讲到这里，小明和小亮听得很有兴趣。小明说："我爷爷到现在还把'觉（jué）悟'读成'觉（jiǎo）悟'呢！"

"就是。"小亮也说，"现在有许多人还把滦（luán）县读成滦（lán）县呢！"

"其实，这都是不规范的现象。"李老师说，"这些读法有它的历史原因，但不是约定俗成。我们应该帮助周围的人纠正过来，使读音规范起来！现在看来，仍然是个艰巨的任务啊！"

小明和小亮都说这的确是个大问题，我们应该搞一次读音规范化的活动，彻底消除那些不规范的错误读音。

李老师很同意他们的想法。他想了想说:"打铁还得本身硬,首先我们自己的读音,一定要先规范起来,然后才能去教别人,纠正不正确的读音啊!所以呀,你们回去以后,要把常见的异读字找出来,找得越多越好,然后给以正确的标准读法!"

小明说:"那么列个表可以吧!"

"当然可以。"李老师鼓励地说。

"怎么列呀?"小亮问。

小明想了想说:"比如这样——册(书册、纪念册),不读(chǎi),应读(cè)!"

李老师笑着说:"好,但不忙于想怎么列表,而是应先把这些字,像拿虫子一样地拿出来,把错误的读音纠正过来!"

小明和小亮高高兴兴地站起来。走出屋子,太阳已经偏西了。"哦,又把李老师的午饭给耽误了!"小明和小亮互相望望,心里觉得很不好意思。

三十三、一次有意义的讨论

六年级 1 班在小明和小亮的带领下，成立了"学习汉字兴趣小组"，并且聘请李老师当他们的辅导员。

兴趣小组成立以后，他们每周活动一次，由小明和小亮任组长。学习交流、谈心得体会、请李老师做报告、到社会进行调查等等，开展得很有生气。

学校放寒假了，他们的兴趣小组活动仍未停止。第一周的课题就是请李老师做关于汉字改革的报告。

这天上午，整个教室挤得满满的，连那些没有参加兴趣小组的外班同学都来参加了。

兴趣小组的同学们当然比别的同学知道得多，他们明白，汉字的改革是个大课题。

事先，他们先列了几个大标题，请李老师来讲。第一是汉字改革的方向，第二是汉字改革的任务，第三是汉字改革的特点。

李老师见来了这么多同学，心情也格外好，讲起来也特别带劲。

李老师说："同学们，我们六年级 1 班的汉字学习兴趣小组成立半年来，在李小明和周小亮同学的带领下，学习了不少关于汉字的知识，做了许多关于汉字正音的工作，得到了学校和社会的好评，这是很好的。今年寒假，他们又安排了关于汉字改革的学习和讨论。我很高兴，我愿意先给大家讲一讲，开一个头供同学们讨论！"

大家对李老师的讲话，报以热烈的掌声。接着，李老师开始讲——

同学们,我们用汉字书写汉语,已经有几千年的历史了。汉字对中华民族的统一和团结,对我国文化的发展和传播,对社会的发展和繁荣,都曾经产生过重大的作用,而且还正继续为我们做着贡献。它像一只不知疲倦的骆驼,在默默地劳作着。

几千年来,我国人民用汉字进行书面交际,历代极其丰富的文化典籍就是靠汉字记录和保存下来的,对今天的两个文明建设起了巨大的作用。

汉字对于我们是有"恩情"的,我们对汉字也是有感情的。

但是不可否认,汉字终究不是一种理想的文字。它的缺点也是十分明显的。学习和掌握它需要花费太多的精力和时间。

所以汉字必须进行改革。改革的必要性,从以下几个方面可以看出来。

第一,从汉字和语言的关系看,汉字不能很好地记录汉语。

我们大家都知道,文字是记录语言的符号。那么,理想的文字是把语言里词的声音记录下来。而汉字从根本上说,它不是表音。形声字的声旁虽然是表音成分,但很有限制。所以,我们平常遇到"有音无字"之苦。学习的时候嫌字太多,写起来又嫌字太少。

第二,从汉字的本身情况看,掌握起来太难。现在的汉字读音,基本上是靠一个个地死记。而有的字又笔画繁多,实在难写。多的笔画可达三十五画。

汉字是表意文字。而意义是无穷的,造字时一字一义、一字一形,积累起来的汉字有五、六万之多,常用的也有五、六千个。有的汉字,面貌相似,只差一点点。例如,"己、已、巳"、"戊、戌、戍、戎"等等,实在难以分辨。

第三,从文字和社会关系看,汉字的繁难决定了它不能很好地适应现代社会的需要。

文字是学习科学文化的基础,一个人的精力和时间是有限的,如果让识字占去太多,自然就会影响其他的进展。现在我国的中小学生,几乎用去了三分之一的时间学习汉字,而且还有人学不好,一不使用,就"回生"。

所以改革汉字对提高全民族的科学文化水平,对推进社会的进展,大有好处。

那么,我们使用了几千年的汉字,能不能改革呢?回答应是肯定的。文字既然是记录语言的符号系统,那么它的人工性就应该很强。

我国从新中国成立后,才为几个少数民族创制了文字。朝鲜的"谚文",在1446年才颁布实行,当时叫"训民正音"。日本的"假名",日本原来是采用汉字来记写日语,后来才创制了自己的字母,叫"假名"。它创制于公元8世纪,至今大约一千二、三百年的历史。实际上"假名"是由汉字简化演变而来的。

所以,文字的假定性、人工性,决定了文字改革的可能性。把表意文字变为拼音文字是有先例的,朝鲜和越南等国都这样做过。

当然,文字的改革并不是语言的改变,正如我们今天使用的汉话拼音读物,读出来仍然像汉语一样。这就是汉字改革的方向——要走世界文字共同的拼音化的道路。从表意到表音,这是文字发展的必然规律。

把方块汉字改为拼音文字,有两种办法:一是用汉字的某些偏旁或笔画制作字母,就是自造汉字模样的新字母;二是采用世界上通行的字母,例如拉丁文字母。拉丁文是古罗马人使用的文字。世界上采用拉丁文字母的国家达六十多个。

汉字拼音化的优点是能够准确地记录汉语,怎样说就怎样写,见字就能读出音来。这样就便于学习和应用了。如果采用世界上通行的拉丁字母,有利于促进国际文化的交流,促进我国与世界各国的友好往来。

当前汉字改革的任务是很艰巨的,需要做许多准备工作。在实现拼音化之前,首先必须简化汉字,同时大力推行普通话,逐步消除方言分歧;制定并推行《汉语拼音方案》,逐步培养人们的拼音习惯。当然,还要有理论研究工作和宣传工作。如果这些准备做得好,汉字实现拼音化就会快一些。

李老师一直讲到关于汉字改革的特点。他向同学们提出了以下问题,要求大家回答:

1.汉字的发展是由表形而表意,由表意而表音。为什么说它的改革是艰巨的?

2.为什么说汉字改革,需要一个相当长的时间?

3.我国对汉字的改革,提出了改革与改进同时进行,这是为什么?

这三个问题提出来以后,大家开始议论。最后推举小明和小亮集中回答。

小明回答第一和第二个问题。

他说"因为文字的发展是由表形而表意,由表意而表音的。表形实际上表意。表形文字和表意文字中间没有一道鸿沟。由表形而表意的文字,是文字发展的必然结果。如果从表意文字过渡到表音文字,情况就不同了。方块汉字是典型的表意文字,把方块字变成拼音文字,就意味着放弃了一种文字体系,而改用另一种文字体系。这是一种重大的变革。同时,在世界上,我国使用表意文字的时间最久,我们缺乏拼音的习惯,人们使用方块字的习惯已经很牢固,所以我们对文字的改革,比起其他国家来,工作是很艰巨的。"

小明接着回答第二个问题:世界上不少文字的改革,他们只是把这样一种拼音字母改成另一种拼音字母,经过一段准备工作之后,在短时间内就完成了。而汉字的改革不同,把方块字改成拼音文字,不是一朝一夕的事,不可能在短期内完成。所以,汉字改革的长期性是由汉字改革的艰巨性来决定的。

　　小明回答完了,李老师点头赞成,同学们听了也很满意。李老师又补充说:"所以,我国现在正在做准备工作。准备工作有三个方面:第一步是从 1958 年国家公布《汉语拼音方案》起,大力推广普通话。第二步是拼音汉字和方块汉字并行。第三步是慢慢过渡到拼音汉字成为正式的通用文字。这样一来,方块汉字就会变成古体字了。但是它决不会灭绝的。它还会让人们从过去的汉字读物和书籍中学习和发扬有利于我们事业的知识和经验。"

　　李老师补充完了,小亮站起来,回答第三个问题。

　　他说汉字终究要被拼音文字所代替,这是必然的。那么现在我们为什么还要进行汉字简化呢?这是因为,在很长的一个时期内,我们还要使用汉字。既然汉字经过简化,易学易用了,那又何必还要搞拼音化呢?原因很简单,因为不管汉字怎样简化,它还是表意文字。简化不能改变方块字的根本弱点。所以,我们必须改革与改进同时进行。汉字改革的艰巨性决定了它的长期性,长期性又决定了彻底改革和逐步改进结合起来。这样并不矛盾,而是相互促进。

　　小亮的回答也很好。李老师也肯定了他的回答。

　　同学们对小明和小亮的良好表现,报以热烈的掌声。

　　李老师最后结论说:"汉字字数多,笔画多,结构复杂,难认难写难以掌握。不过,在实现拼音化之前,我们还要使用它。所以,整理和简化汉字,减轻它的繁难程度,使它比较便于学习和使用,这是现实生活的需要,是实现祖国繁荣富强的需要。下一个星期日,我要给同学们讲一讲,关于汉字的整理与简化问题。"

　　大家鼓掌欢迎,期盼着下一个星期日的到来。

三十四、整理与简化

今天的阳光特别好,教室内的火炉发出暖融融的气息。

学习汉字兴趣小组的同学们来得早,把教室收拾得整整齐齐。不一会儿,其他的同学也都来了。

李老师等同学们安静下来之后,笑微微地走上讲台。大家静静地听着——

今天我给大家讲一讲关于汉字的整理和简化问题,这是一个很现实的问题。

我国整理和简化汉字的方针是:"约定俗成,稳步前进"。约定俗成就是说,简化字要有群众基础,简化汉字的工作要走群众路线。也就是说,简化字要由群众创造,群众公认。单凭主观愿望,闭门造车是不行的。简化汉字只能因势利导,把社会上流行的合理的简化字搜集起来,同时又按着群众简化繁体字的传统方法创造一些新的汉字。当然不能随意乱造,要稳步前进,就是说简化汉字要分期分批、要有计划有步骤地进行。

简化字是群众陆续创造出来的。造出来以后经过时间和实践的考验,再推行开来。推行开之后,人们也还有个认识和熟悉的过程。事情就是这样:陆续创造,陆续搜集,整理、推广;从群众中来,到群众中去。

企图一次把常用的几千个字改得面目全非,是行不通的,也是不切实际的。

我国三十多年来,在整理和简化汉字方面做了大量工作,也取得了很大成绩。主要做了三个方面的工作:

第一,整理汉字的字形。

过去的汉字字形混乱。同样是一个字,人们在书报上看到的是一个样子,书写起来却是另一种样子。也就是印刷体和手写体不同,这给学习和使用造成了困难。

1965 年,我国文字改革委员会和文化部向印刷单位发布了《印刷通用汉字字形表》一共 6196 个字。规定了标准的字形,统一了印刷体。并且使印刷体和手写体趋向一致,减轻了人民群众学习汉字的负担。

新旧字形的差别主要有以下几点:

(李老师用粉笔在黑板上分别写出来)

1.新字形减少笔画。如:

近(近)——变八笔为七笔。

争(爭)——变八笔为六笔。

2.新字形连接笔画。如:

形(形)——左边四短画变成两长画。

羌(羌)——竖、撇连成一长撇。

3.新字形改变笔形。如:

没(沒)——变右上角"刀"为"几"。

彦(彥)——变中间"×"为"丷"。

4.新字形伸长笔画。如:

角(角)——中间一竖延长。

拢(拢)——右下角变"乂"为"又"。

5.新字形缩短笔画。如:

丑(丑)——中间一横缩短。

吴(吳)——变竖横折为一横。

6.新字形改变结构。如:

获（獲）——变左右结构为上下结构。

默（嘿）——变上下结构为左右结构。

改变字形的目的是便于书写,改变后的这个字不但好写,而且有关联的字也方便了。

然后,李老师又继续讲——

第二,是精简汉字的字数。

自 1955 年以来,通过异体字整理,同音字的归纳,更换地名中的生僻字等手段,共精简了 1100 多个汉字。

1.整理异体字。一字多形的现象很普遍,经过整理,规范成一个写法。比如,"泪——涙"、"迹——跡、蹟"等等。

整理的原则是从俗、从简,保留书写简便的、笔画较少的字,废除那些复杂难写的字。

2.合并同音字。就是把两个或两个以上同音字合并为一个。比如把"蒙、濛、懞"合并为"蒙",就方便多了。

3.废除生僻的地名用字。我国地名,多数是古代流传下来的生僻字,难认难记易混。有人统计过一万个通用汉字中,县以上的地名专用字,有五百多个。从 1956 年到 1964 年,经国务院批准,先后更换了 30 多个地名用字,废除了一部分生僻字。比如贵州省的"鰼水县",改为"习水县"等等。

第三,减少汉字笔画。

我们都知道,从甲骨文、金文到小篆,从小篆到隶书,从隶书到楷书,汉字的形体越来越简便易写。所以说,逐步地简化汉字是符合汉字自身的变化规律的。

可是,自从字体演变到楷书,好像就告一段落了,其实汉字的简化并没有终止。在楷书盛行的时候,就曾出现过简化字。我们现在通用的简化字,大多数是历代相传下来的。我们的汉字简化工作,首先是搜集、整理社会上流行的简化字,其次才是按着造字的传统方法新造了一些简化字。

我们现在按国务院正式公布的"简化字总表"所规定的,共有简化汉字 2238 个,简化了繁体汉字 2264 个。这样一来它深受群众欢迎,对于儿童识字教育、扫盲教育和一般人的使用都方便多了。

简化字是群众创造的。群众简化汉字的方法是多种多样的,归纳起来有以下几种:

1.省去原字的一部或大部。比如"开"(開)、"妇"(婦)"乡"(鄉)。

2.改换原字的形旁或声旁。汉字中有许多形声字很复杂,就是因为它们的形旁和声旁笔画太多。换上一个简单的形旁或声旁,这些字自然就化繁为简了。比如改换形旁的字:猫(貓)、愿(願)、肮(骯)等;改变声旁的字:种(種)、衬(襯)等。

3.用简单的符号代替繁难的部分。有些字的某个部分特别复杂。如果把这部分改用简单的符号来代替,就简化多了。常用的符号有:"丶、乂、又、文、刂、刂、灬、丶、亦"。

比如——办(辦)、协(協)

赵(趙)、风(風)

邓(鄧)、对(對)

师(師)、归(歸)

临(臨)、坚(堅)

学(學)、兴(興)

枣(棗)、搅(攪)

峦(巒)、滦(灤)

这些符号既不表声也不表意。它们在简化字里只能是一种符号。

4.变草书的连绵笔形为楷书的点画。大家所熟悉的草体字,把它的连绵笔画断开,改用楷书的写法。这样的简化字叫"草书楷化字"。比如,"书"(書)、"为"(為)、"齐"(齊)、"专"(專)等等。

5.用简易的同音字代替。这实际上就是我们前边说的"同音合并"。这样既简化了笔画,也减少了字数。比如,"只"字,就取消了原来的两个字:"隻、衹"。同时字的本身也简化了。

6.用传统的方法另造新字。有些字不容易在原字的基础上简化,也不能用同音字来代替,那么就按传统的方法造新字。比如——

另造的形声字:响(響)、惊(驚)等。

另造的会意字:体(體)、尘(塵)等。

另造的轮廓字:龟(龜)、马(馬)等

7.用简化偏旁和单字适当类推。简化偏旁和部分简化字可以类推,这样就扩大了简化面。例如,"言"旁简化为"讠",那么其他"讠"旁的字都可类推了。

再比如,"马"和"车"这两个简化字,有时也是偏旁,它们都可以类推。像"冯、驯"、"轰,载"等等。"简化字总表"中共有简化字 2288 个,其中类推出来的简化字就有 1753 个,占总数的三分之二以上。

……

李老师兴致勃勃地给大家讲了以上这些内容,一晃又到了吃午饭的时候了。

最后,他说:"今天主要是讲了汉字的整理和简化。为了使大家加深理解,我给大家出一道思考题,就是汉字的整理和简化是一种什么关系?"

接着他又重复了一遍,同学们都记下了。小明和小亮站起来,宣布今天的活动结束了。

三十五、两组相互混用的字

现代汉语中有两组经常相互混用的字:"作"和"做";"象"、"像"和"相"。这两组字都是常用字,它们使用的频率很高,构成的词语很多,它们之间混用的关系也很复杂,在中文教学中常常让学生和老师感到困惑,我们在这里把它们专门一一列出来做一个说明。

(一)"作"和"做"

《说文解字》:"作,起也。""作"字本义是"起,起来,站起来"。如《无名氏·击壤歌》:"日出而作,日入而息。"(译:太阳升起就起来,太阳落下就休息。)后来又表示"制作、造"的意思,如《孟子·梁惠王上》:"始作俑者,其无后乎!"(译:第一个制作殉葬木俑、土俑的人,大概没有后代吧!)

"做"是"作"字后起的俗字,宋代才出现。"做"字出现后,承担了"作"的一部分语义,现代汉语中二字有不同的语义分工和习惯用法,又有一定语义范围的通用关系,所以在某些情况下二者可以混用。

我们看一下中国社会科学院语言研究所词典编辑室编辑的。《现代汉语词典》(2012 年第 6 版)中"作"和"做"的义项和注解。

《现代汉语词典》

"作"zuò 字条	"做"字条
①起:振作/日出而作/一鼓作气/枪声大作。	①制造:做衣服/用这木头做张桌子。
②做某事;从事某种活动:作孽/自作自受。	②写作:做文章。

③写作:著作/作曲/作书(写信)。	③从事某种工作或活动:做工/做事/做买卖。
④作品:佳作/杰作/成功之作。	④举行庆祝或纪念活动:做寿/做生日。
⑤装:作态/装模作样。	⑤充当;担任:做母亲的最疼孩子/做官/做教员/做保育员/今天开会由他做主席。
⑥当成;作为:作保/作废/认贼作父。	⑥当作:树皮可以当作造纸的原料/这篇文章可以当作教材。
⑦写成;写为(多用于校勘和辞书:古书中"伏羲又作伏牺、宓羲"等)	⑦结成(某种关系):做亲/做对头/做朋友。
⑧发作:作呕/作怪。	⑧假装出(某种模样):做样子/做鬼脸/做痛苦状。
⑨同"做"④~⑥	

《现代汉语词典》对"作"、"做"二字做了详细分类,但是这两个字在使用的时候仍然有很大的随意性。刘勋宁对《实用汉语课本》(刘珣、邓恩明、刘社会)、《七缀集》(钱钟书)、《汉语语法分析问题》(吕叔湘)、《文字问题》(李荣)这几本书做了调查,发现无论是教科书还是专家学者的著作,"作"和"做"都存在着随意混用的现象。

这种随意混用的现象让人们感到非常困惑,因此也引起大家对这两个字的讨论。吕叔湘对"做"和"作"进行过比较;谭桂声对这两个字的起源及其用法也进行了详细地辨析。谭桂声说,(一)从语体色彩来看:"作"多用于具有书面语色彩的词语;"做"多用于具有口头语色彩的词语。成语一般用"作"而很少用"做"。(二)从语义特点来看:"作"表示的动作性不强,意义比较抽象;"做"表示的动作性强,意义比较具体。(三)从语法特征来看:后面是双音节动词时,多用"作"。如:作报告、作比较、作调查、作斗争、作解释、作牺牲、作演讲等;后面是双音节名词时,多用

"做"。如：做功课、做记号、做事情、做课题、做事业、做文章、做学问等。与后面带"作"的词语搭配，一般用"做"，而不再用"作"。例如：做作、做作业、做动作、做工作、做作文等。（四）从词义分别来看："作"与"做"各有适用范围，又有交叉重叠，并举例说明"作"、"做"大致分工和互相混用的情形。

"作"和"做"二字间的复杂性也表现在字典中，不同的字典对二字的立项有着不一致的地方。例如：同是中国社会科学语言研究所词典编辑室编辑修订的，也同样具有很高权威性和很强规范性的《新华字典》（2004年第10版）在"作"和"做"义项的选择和排列上和《现代汉语词典》就有些不同。

(二)"象"、"像"和"相"

1."象"和"像"

"象"字甲骨文字形像大象的形状，后来表示"模仿、效法"的意思。《尚书·微子之命》："崇德象贤。"（译：尊崇圣德、效法贤人。）《墨子·辞过》："人君为舟车若此，故左右象之。"（译：国君做船车像这样，所以左右的人模仿他。）

"像"字《说文解字》："像，象也。"意思是相同，相似。"像"是后起的"象"的分化字，从《汉语大字典》二字的义项中可以看到，古书中"像"主要表示"象"字的"相似、模拟、相貌、形象"等一些义项。"象"和"像"在古代就存在着交叉混用的情形。

因为"象"和"像"存在着混用的现象，1956年《汉字简化方案》规定用"象"替代"像"，1964年《简化字总表》将"像"作为"象"的繁体字处理，并注明"在'象'和'像'意义可能混淆时，'像'仍用'像'"。结果词典里保留了"像"字，不过只保留了它"比照人物制成的形象"一个义项，词典除了"画像、塑像、绣像"用"像"以外，其余都写做"象"。

在此后的二十多年实践中，人们发现这种归并并不科学，在实际使用中常常感到混乱。后来经过专家学者研究讨论,1986 年国家语言文字工作委员会重新公布《简化字总表》时确认"像"为规范字,不再作为"象"的繁体字。

"象"和"像"先被合二为一,又被一分为二,使得本来就混用的两个字的用法更加混乱,于是有的字典在注释这两个字的时候特别对它们做了辨析。

《汉字形义分析字典》(曹先擢、苏培成主编,北京大学出版社,1999年)辨析"象"和"像"二字,说:"像"是单音词,可以单独使用;"象"除了"大象"义以外,只能用做词素,不能单独使用。"像"作为单音词,意义有三:①名词,指比照描画、拍摄或雕塑的形象:画像、音像、塑像。②动词,相似:她像她姐姐。③介词,如同:像他那样工作。"象"作为词素,意义有二:①性状;样子:形象、现象、万象更新、险象环生。②模拟;仿效:象形、象声词。

2."相"和"像"

"相"字《说文解字》:"相,省视也。"意思是仔细看。"相"有"木"字旁,是说仔细观察树木。《诗经·鄘风·相鼠》"相鼠有皮,人而无仪。"(译:仔细看老鼠有皮,人却没有礼仪。)

由于"相"和"像"在表示"相貌、容貌"和"比照人物制成的形象"的意义上相通,很多人就把"照相"写成"照像",把"照相机"写成"照像机",把"相片"写成"像片",把"相貌"写成"像貌"。1983 年修订版的《现代汉语词典》在"照相"后面注明"也作照像"。

《汉字形义分析字典》对"相"和"像"做了辨析:"相"有容貌、模样、形体外观的意思,所指外观是内在情况的表现。"真相"要用"相","假象"用"象"。"苦相、站相、病相、可怜相目,"等不能用"像"。照相,当作"相"。但北方话"相、像"二字同音,也有作"像"的。

下边是《现代汉语词典》(2012 年第 6 版)的"象"和"像"和"相"的义项和解释。

《现代汉语词典》

"象"字条	"像"字条	"相"字条
①哺乳动物,是陆地上现存最大的动物,耳朵大,鼻子长圆筒形,能蜷曲,多有一对长而大的门牙伸出口外,全身的毛很稀疏,皮很厚,吃嫩叶和野菜等。生活在我国云南南部、印度、非洲等热带地区。有的可驯养来驮运货物。	①比照人物制成的图象:画像/塑像/肖像。	①相貌;外貌:长相/聪明相/可怜相/狼狈相。
②姓。	②从物体发出的光线经平面镜、球面镜、透镜、棱镜等反射或折射后所形成的与原物相似的图景。分为实像和虚像。	②物体的外观:月相/金相。
③形状;样子:景象/天象/气象/印象/万象更新。	③在形象上相同或有某些共同点:他的面貌像他哥哥。	③坐、立等的姿态:站有站相,坐有坐相。
④仿效;模拟:象形/象声。	④好像:像要下雨了。	④相位。
	⑤比如;如:像大熊猫这样的珍稀动物,要加以保护。	⑤交流电路中的一个组成部分,如三相交流发电机有三个绕组,每个绕组叫作一相。
	⑥姓。	⑥相态。
		⑦观察事物的外表,判断其优劣:相马。
		⑧姓

(三)两组字混用的原因

这两组字混用是语言发展过程中字义分化扩展造成的,例如:"做"是"作"字后起的俗字,"像"是"象"的分化字,由于新字承担了原字一部分的义项,而原字也继续表达那一部分义项,结果两字就出现了混用的现象;另一个原因就是两个字的声音相同(相近)、意义相关,人们组词的时候难以分辨到底选用哪一个字,于是也就出现了两字相混用的情况,例如:"像"和"相"。

(四)海外中文教学中这两组字混用的问题

目前海外的中文教学"做、作"和"象、像、相"这一类字还没有一个规范标准,它们之间混用的现象还很普遍。为了改变这种情形,要求老师们无论是编写教材,还是课堂教学,在遇到用"做、作"和"象、像、相"组词造句时,要以《现代汉语词典》为准,以已经发布的规范字表为准。

至于报纸、杂志、书籍以及其他字典里存在的"做、作"、"象、像、相"混用的词语,老师应该告诉学生,这些不同的词语是历史造成的,它们虽然不是错字,但是属于不规范用字,我们学习中文的时候不应该再写这些不规范的词语了。

三十六、异形词规范问题

现代汉语词汇规范包括对异形词的规范,这是很重要的一件大事,它对社会公众的语言生活有着重要、深刻的影响,涉及到方方面面。必须更加稳妥、慎重,切忌操之过急、急于求成。在异形词的规范处理上,首先要进行扎实细致的理论研究,在制定过程中要充分听取和吸纳专家们的意见,才能使规范更具有可行性和权威性。

(一)什么是异形词

异形词就是一词异形,也就是说一个词有两个或者两个以上的形体,这些词声音相同、意义相同,只是形体不同。例如:"笔画"可以写做"笔划";"按语"可以写做"案语";"嫁妆"可以写做"嫁装";"入坐"可以写做"入座";"耿直"既可以写做"梗直",也可以写做"鲠直";"百叶窗"可以写做"百页窗";"毕恭毕敬"可以写做"必恭必敬",等等。

前一章讲的"做、作"和"象、像、相"组成的一些词也是异形词,例如:"相貌"和"像貌"、"影像"和"影象"、"录像"和"录象"和"录相"。有人说"作法"在"处理事情或制作物品的方法"的意义上同"做法",它们是异形词。"做伴"、"做客"、"做梦"有人就写成"作伴"、"作客"、"作梦",可当作异形词处理。

异形词声音相同、意义相同,只是形体不同,所以有人就比照声音相同、意义相同,只是形体不同的"异体字"的定义叫作"异体词",也有人把它叫作"异写词"。教育部和国家语言文字工作委员会制定发布《第一批异形词整理表》时把它叫作"异形词"。我们认为"异体词"的名称比较好,理由是对于一般的学中文的学生来说,"异体字"是讲字的,"异体词"是讲词的,二者称谓一致,易于理解。

异形词是讲词的,研究和规范异形词属于词汇学科,但也还是脱不了文字学的范畴。因为异形词的混用在汉语教学中,尤其是对外汉语教学中是一个很麻烦的问题,所以我们在这里把它列出来做一些简单的介绍。

(二)异形词的问题

1.异形词混用的问题

现代汉语中异形词的数量很多,据统计,《现代汉语词典》收双音节词 32450 个,其中异形词就有 1258 个,占 3.8%。这些同义同音不同形的词语,造成了文字使用上的困惑,例如:男女立婚约,是应该写做"订婚"?还是写做"定婚"? 遇事不利,遭遇不好,应该写做"倒霉"? 还是写做"倒楣"? 编者说的话,应该写做"编者按"? 还是写做"编者案"? 每当遇到这些词语时,就让人犹疑不定。

因为没有统一的标准,于是也就造成了人们使用上的混乱,例如:有人把德才兼备,有某种特长的人写做"人才",有人写做"人材"。有人把没有依靠、生活困苦写做"孤苦伶仃",有人写做"孤苦零丁"。有人把暗中跟在后面(监视人的行动)写做"钉梢",有人写做"盯梢"。

异形词的混用不仅存在于一般的报刊、书籍中,也出现在名作家的作品里,例如:鲁迅在《故乡》中用"模糊",在《社戏》中用"模胡";老舍在《小麻雀》中用"糊涂",在《茶馆》中用"胡涂"。有的异形词甚至混用在同一篇作品中,例如:曹禺在《雷雨》中既用"混账",又用"混帐";叶圣陶在《多收了三五斗》中既用"那么",又用"那末"。

异形词泛滥给中文教学添加了负担,给学生增加了压力,导致学生费力费时学了一些毫无用处的词。由于异形词的普遍存在,许多词典里也就收录了许多异形词,结果字典的分量也就大起来了。

2.不完全同义的异形词问题

教育部和国家语言文字工作委员会制定发布《第一批异形词整理表》时说:异形词是"普通话书面语中并存并用的同音(本规范中指声、韵、调完全相同)、同义(本规范指理性意义、色彩意义和语法意义完全相同)而书写形式不同的词语。"

按这个说法,异形词是完全同义的,可实际上许多异形词并不完全同义,有的一个异形词具有两个或者两个以上的语义,而与它相对的另一个异形词只和其中的一个语义相通,它们之间只是部分语义相同。这一类异形词在使用中常常造成语义上的混乱。下面列举几个常见的字例。

(1)"利害"和"厉害"中的"利"和"厉",它们在表示"难以对付或忍受、剧烈、凶猛、严厉"的意思时是相通的,可以写做"利害",也可以写做"厉害",例如:"这个老师很厉害(利害),学生都怕他。"但是在表示"利益和损害"的意思时,"利"和"厉"不相通,这时候只能写做"利害",而不能写做"厉害",例如:"考虑到家族的利害关系,她必须和这个人结婚。"

(2)"功夫"和"工夫"中的"功"和"工",在表示"时间(占用的时间)、空闲时间"的意思时是一样的,可以写做"功夫",也可以写做"工夫",例如:"学中文要花很多功夫(工夫)。"但是在表示"本领、造诣、武术"的意思时,只能写做"功夫",而不能写成"工夫",例如:"武术师父的功夫很好。"

(3)"师傅"和"师父"中的"傅"和"父",在表示"工、商、戏剧等行业中传授技艺的人,对有技艺的人的尊称"的意思时是一样的,可以写做"师傅",也可以写做"师父",例如:"跟工厂的师傅(师父)学手艺。"但是在表示"对和尚、尼姑、道士的尊称"的意思时,只能写做"师父",而不能写成

"师傅",例如:"请庙里的师父带我们去上香。"

这一类的异形词常见的还有"飘荡—漂荡"、"卸装—卸妆"、"滋生—孳生"、"棚车—篷车"、"融化—溶化"、"婉转—宛转"、"哀号—哀嚎",等等。

现在的学者认为"利害"和"厉害"、"功夫"和"工夫"这类异形词已经分化,它们不再构成异形词了,但是它们在部分语义上还是相同的,而且仍然混用着(尤其在海外)。这类不完全同义的异形词数量多,使用率高,最容易出错。所以我们把它提出来,希望引起老师和学生的注意。

3.异形词异音的问题

《第一批异形词整理表》说:异形词应该是完全同音的(声、韵、调完全相同)。例如:"笔画"和"笔划"中的"画"和"划","按语"和"案语"中的"按"和"案","嫁妆"和"嫁装"中的"妆"和"装","耿直"和"梗直"和"鲠直"中的"耿"、"梗"和"鲠"。

可是也有少数异形词语音并不完全同音,例如:"马虎"和"马糊"中的"虎"和"糊"(声调不同),"跟斗"和"跟头"中的"斗"和"头"(声母不同),"腻歪"和"腻味"中的"歪"和"味"(韵母不同),等等。

有学者研究发现,这些原本读音不同的字在构成异形词时都有所变化,例如:"马虎"的"虎"和"马糊"的"糊"在这组异形词里都变成了轻声,于是它们声调的差别就消失了;"跟斗"的"斗"和"跟头"的"头"在这组异形词里不仅变成了轻声,而且声母送气不送气的差别也缩小了,二者的读音介乎 dou 和 tou 之间;"腻歪"的"歪"和"腻味"的"味"在这组异形词里也都变成了轻声,它们韵母主要元音的音值也都向央元音靠拢,二者的读音在 wai 和 wei 之间。也就是说,这些词在构成异形词后,它们的读音模糊了。

(三)异形词形成的原因

异形词形成的原因非常复杂,有学者说:"汉语异形词词语的问题本质上是一个历史问题,是历时语言现象在共时语言层面的反映。汉语几千年的漫长发展历史中,从上古、中古、近代到现当代,口语和书面语不时在发生矛盾。母体语言和外来语言不断出现碰撞,词语的本义和引申义的演变转换,社会生活中语言变异和语用习惯的冲突,繁杂的方音和标准语音的差异,文字记音功能和形体的不一致性和多样性。凡此种种,造成了现当代汉语中存在众多异形词。"有学者说得比较具体:异形词是由异体字混用、同音字相互借用、意义相关的同音语素混用,以及音译外来词的不同写法诸原因造成的。

(四)异形词的整理

异形词的存在只是造成了文字使用上的困惑和书面语表达上的混乱,给汉语教学、新闻出版、辞书编纂和中文信息处理等带来了困难。

从 20 世纪 60 年代开始,就有人提出应当整理异形词。几十年来,学术界发表了大量的文章进行讨论。1999 年开始,教育部和国家语言文字工作委员会正式开始组织异形词的整理工作。经过两年的工作,收集研究了 1500 多组异形词,根据"积极稳妥、循序渐进、区别对待、分批整理"的工作方针,选取了普通话书面语中经常使用的、公众的取舍倾向比较明显的 338 组异形词。

2001 年 12 月 19 日教育部和国家语言文字工作委员会把这 338 组异形词作为《第一批异形词整理表》发布出来。每组异形词用破折号"——"分列开来,排列在前面的词语是推荐使用的词形,排列在后面的是主张淘汰的词形。

三十七、小明和小亮的思考

小明和小亮从学校往家里走着的时候,他们的心里都在想着李老师提出来的思考题。

小明说:"小亮,我觉得李老师这个问题提得太好了,又把今天的内容都包括了进来,你说对不?"

小亮也说:"对对。汉字的整理和简化是两个方面的问题,可是细想想,它们好像是一个问题!"

小明很郑重地总结说:"这就是一个问题的两个方面吧!"

"很对!"小亮说,"我想,整理和简化是不能分开的呀!照李老师讲的,统一印刷体,整理异体字是整理汉字的工作;减少汉字的笔画和字数是简化汉字的工作。可是减少汉字的笔画,就是要把简化字定为标准字,把繁体字废除,这也有'整理'的意义呀!"

小明想了想,说:"你说得很对。如果反过来说,统一印刷体,新字形减少了笔画,这也是简化了汉字呀!整理异体字,确定标准字,废除多余的异体字,既精简了字数,也减少了笔画呀!保留字一般都是笔画少的。所以我说呀,实际上整理也是简化……"

小亮立刻接上话茬儿说:"简化也是包含着整理。……"

"所以说,简化和整理是一个工作的两个方面!"小明总结似地说。

"这就对了!"小亮笑着说。

"我们回去就把这些议论写下来,算咱们共同完成了作业吧!"小明说。

小亮高兴地拍手,连声说:"好,好!"

两个人蹦蹦跳跳地跑起来,温暖的阳光照着两张红润润的脸,像两朵绽开了的红花。

三十八、写错字的问题

(一)容易写错的字

《汉语大字典》收录了 50000 多字,《中华字海》有 80000 多字,这么多的字每一个都是由点、横、竖、撇、捺等笔画构成的,所以许多汉字看起来都很相似。例如:人—入、爪—瓜、佘—佘、灸—炙、奕—弈、佳—佳、刺—刺、崇—崇、梁—粱、贫—贪、货—贷、贩—败、撒—撤、辙—辕、鹜—鹜、赢—赢—赢,等等。

现代汉字里 80% 以上是形声字。在形声字里面,同一属类的字共用一个形旁,例如:跟水有关系的"江、汁、汀、汗、污、汴、沐、汪"都用"氵"旁;同一声类的字共用一个声旁,例如:用"胡"做声旁的"湖、糊、蝴、葫、糊、瑚、猢"都有"胡"旁,这样就使得许多字之间的差别变得更小,写字的时候,一不小心就会写错。下面是几类特别容易写错的字。

(1)不同的字只是笔画长短有些不同:

土—士、未—末、日—曰、汨—汩、七—匕、余—佘、目—且、己—已—巳、田—由—甲—申

(2)不同的字只是笔画斜正有些不同:

天—夭、干—千、王—壬、孑—子、戍—戌、人—入、佘—佘、弈—奕、眭—眭、井—并

(3)不同的字只是笔画部件有些偏离:

入—八、可—叮、刀—刁

(4)不同的字只是笔画有无弯钩:

干—于、汗—汙、竿—竿、平—乎、戊—戋

（5）不同的字只是笔画多一笔、少一笔：

大—太、今—令、免—兔、王—玉、厂—广、万—方、又—叉、勺—匀、刁—习、氏—氐、戊—戍、弋—戈、住—往、曰—白、目—自、天—夫、夫—失、茶—荼、侯—候、竞—竟、毫—毫、鸟—乌、要—耍、稍—捎、帅—师。

（二）写错字的原因

写错字主要是粗心大意造成的，像上面列举的那些字，一不小心就会写错。有学者从经常写错的字里发现了一些写错字的规律，找到了一些写错字的原因。

（1）有些错字是受到形体相似的常用字的影响，错误类推造成的。例如：

"步"字的下边有时候多写了一点，这可能是受到了"妙、沙、省"等常用字的偏旁"少"的影响，把"步"字下部错写成"少"字了。

"试、武"的右边有时候多写了一笔，这可能是受"我、找、成、或、战"等常用字的偏旁"戈"的影响，把右部的"弋"错写成"戈"字了。

"纸、舐"的下边有时候多写了一点，这可能是因为受"低、底、抵"等常用字下部有一点的影响，把右部的"氏"字错写成了"氐"字了。

"即、却"的右部有时候错写成"阝"旁，这可能是受"郎、部、郊、邻"等常用字偏旁"阝"的影响；同样，"郎、部、郊、邻"等字有时候错写成"卩"旁，也可能是受到"印、仰、卸、卯"等字偏旁的影响。

这一类的字还有很多，例如："直、真、具"可能受"其、且"的影响，把中间的三横错写成两横。"恭、慕、添"等字可能受"奈"的影响，把下边的"⺗"错写成"小"；或者受"暴、泰"的影响，把下边的"⺗"错写成"水"，等等。①

（2）有些错字是受到词或词组中另外一个字偏旁的影响，错误地添

---

① 参见邸汶东著《汉字今昔》111—114 页，上海教育出版社，1984 年。

加或者改写成相同偏旁造成的。例如：

写"侍奉"一词时，"奉"字受前面"侍"字的影响，添加"亻"旁写成了"俸"。

写"安排"一词时，"安"字受后面"排"字的影响，添加"扌"旁写成了"按"。

写"编辑"一词时，"辑"字受前面"编"字的影响，把"辑"字改写成了"缉"。

写"跋涉"一词时，"涉"字受前面"跋"字的影响，把"涉"字改写成了"踄"。

这一类的字还有很多，例如："偏旁"错写成"偏傍"；"洗刷"错写成"洗涮"；"韭菜"错写成"韮菜"；"黄连"错写成"黄莲"；"灯泡"错写成"灯炮"；"狭隘"错写成"狭猛"；"赌博"错写成"赌赙"；"清晰"错写成"清淅"；"皱纹"错写成"绉纹"；"鞠躬"错写成"鞠躬"；"模糊"错写成"模糊"，等等。①

（3）有些错字是受到同类字偏旁的影响，错误地添加相同的偏旁造成的。例如：

"包子"的"包"受到"饺子、饼子、馒头、米饭、馄饨"等同类字食字旁"饣"的影响，把"包子"错写成了"饱子"。

"水果"的"果"受到"菠萝、草莓、葡萄、香蕉、荔枝"等同类字草字头"艹"的影响，把"水果"错写成了"水菓"。

"攀登"的"登"受到"跳跃、踩踏、跑、跌"等同类字"𧾷"旁的影响，把"攀登"错写成了"攀蹬"。

（三）怎样避免写错字

要避免写错字，下面这几点需要注意。

---

① 参见黄伯荣、廖序东著《现代汉语》200页，甘肃人民出版社，1983年；杨五铭著《文字学》120页，湖南人民出版社，1986年。

首先，得认认真真地照着书和字典一笔一画地写，对于有细微差别的字更要仔细，不可以随便延长或者缩短笔画；不可以随便添加或者减少笔画；也不可以把平直的笔画歪斜或者拉开笔画部件的距离，不然的话就会写错或者会写成另外一个字。同时还要了解一些错字产生的规律，以避免写错字。

其次，不可以随意变换偏旁的位置。虽然汉字中存在着许多偏旁位置变换的异体字，例如：裏＝裡（简化字"里"）、滙＝匯（简化字"汇"）、闊＝濶（简化字"阔"）、够＝夠、鄰＝隣（简化字"邻"）、飆＝飈（简化字"飙"）、峰＝峯、群＝羣、略＝畧、鑑＝鑒（简化字"鉴"）、慚＝慙（简化字"惭"）、晰＝晣、脇＝脅（简化字"胁"）、概＝槩、鵝＝鵞（简化字"鹅"）、迹＝跡＝蹟，等等，但是我们不可以依此类推、随意变换的。不然的话，就会错写成另外一个字，例如：把"裏"错写成"裸"、把"陪"错写成"部"、把"太"错写成"犬"，或者写成了谁也不认识的错字。

偏旁位置不同，意思不同的字还有：晾≠景、吟≠含、衿≠衾、帕≠帛、枷≠架、忙≠忘、愉≠愈、唯≠售、吟≠含、叨≠召、吧≠邑、叭≠只、古≠叶、呆≠杏、杳≠杲、旭≠旮≠旯，等等。

再次，不可以随便替换偏旁。虽然汉字中存在着偏旁不同的异体字，例如：嘆＝歎（简化字"叹"）、雞＝鷄（简化字"鸡"）、咏＝詠、唇＝脣、糠＝穅、隄＝堤、墙＝牆、床＝牀、綫＝線（简化字"线"）、仿佛＝彷彿，等等，但是我们不可以依此类推、随意替换。不然的话，就会错写成别的字，例如：把"喝"错写成"歇"；把"鸣"错写成"唯"；把"吃"错写成"讫"；把"吐"错写成"肚"；把"粗"错写成"租"，等等，或者写成了谁也不认识的错字。

除此之外，老师如果能给学生讲解一些简单的汉字形体构造原理，让学生根据汉字形体的构造原理，理解性地记忆汉字的笔画部件，对防止写错字有很大的帮助。例如：

"臭"是一种气味，"臭"字上面的"自"表示鼻子（甲骨文里"自"字像鼻子的形状，后来假借作"自己"的"自"），下边是"犬"，意思是狗鼻子非常灵敏，能闻出气味。理解了"臭"的构字原理以后，写字的时候就不会少写一点，把"犬"写成了"大"字了。"突然"的"突"本义是狗从洞穴中突然跑出来，所以"突"字下面也是"犬"字，而不是"大"字。

"雀"是一种小鸟，"雀"字下边的"隹"字表示鸟类（甲骨文里"隹"字像短尾巴鸟的形状），上面是"小"，意思是一种小的鸟。明白了"雀"的构字原理以后，写字的时候就不会把"小"字少写一点了。"劣势"的"劣"上面是"少"，下面是"力"，意思是力量弱少，明白了"劣"的构字原理以后，写字的时候就不会少写一点了。

"炙"是用火烤肉，"炙"字上边是"月"字的变体，表示肉类（甲骨文中"肉"字像有纹理的肉块形状，"肉"字篆书体变得像"月"字，隶楷时期"肉"字做偏旁时和表示月亮的"月"字合并为一个形体），下边是"火"，意思是用火烤肉。明白了"炙"的构字原理以后，写字的时候就不会把上面的"月"字少写一点了。"祭祀"的"祭"本义是手里拿着肉祭祀鬼神，所以"祭"字上边也是表示肉的"月"字，而不是"夕"字。

特别是像"盲—肓、赌—睹、浆—桨、栽—裁、梁—粱、桶—捅"这些容易混淆的字，用汉字形体构造原理的方法理解性记忆，要比死记硬背容易得多。例如：

盲—肓："盲"是眼睛看不见东西，上面的"亡"表示读音（因为古今语音发生变化，它的读音也有变化），下边的"目"表示眼睛；"肓"是中医指心脏和膈膜之间的地方，上面的"亡"表示读音，下边的"月"表示这个字是身体的一个部件（表示身体部件的"肉"旁后来合并到"月"旁里）。

赌—睹："赌"字是赌博的意思，右边的"者"表示读音（因为古今语音发生变化，它的读音也有变化），左边的"贝"表示赌博跟钱财有关系；"睹"字是观看的意思，右边的"者"表示读音，左边的"目"表示用眼睛观看。

浆—桨："浆"是比较浓的液体，上面的"爿（将）"表示读音，下边的"水"表示"浆"是水的一类；"桨"是划船用的工具，上面的"爿"表示读音，下边的"木"表示这个工具是木制品。

栽—裁："栽"字是种植的意思，上面的"戈"表示读音，下边的"木"表示种植草木；"裁"字是裁剪的意思，上面的"戈"表示读音，下边的"衣"表示裁剪衣物。

梁—粱："梁"字是桥梁的意思，上面的部件表示读音，下边的"木"表示桥梁是用木头做的；"粱"字是谷子的意思，上面的部件表示读音，下边的"米"表示粱是一种米（粮食作物的子实）的名字。

桶—捅："桶"是容器，右边的"甬"表示读音（因为古今语音发生变化，它的读音也有变化），左边的"木"表示"桶"是木头制作的；"捅"本义是戳刺，右边的"甬"表示读音，左边的"扌"表示这是手的动作。

这种根据汉字形体构造原理理解性地记忆汉字笔画部件的方法，不仅有助于学生正确地书写汉字，对学生快速地掌握词语和准确地运用词语也有很大的帮助。

需要说明的是，用这种方法要适度，我们只是教学生去理解性地记忆汉字写法，而不是专门教学生六书造字法。

三十九、汉字书法字体的问题

前面我们讲汉字形体发展史的时候,讲到了甲骨文、铜器铭文、小篆、隶书、草书、行书、楷书等不同阶段的汉字形体的名称;后来我们在讲汉字印刷体字形的时候,又讲到了宋体、仿宋体、黑体、楷体等不同形状的印刷字体的名称;我们现在要讲的是一些书法字体的名称。

我们在用毛笔书写汉字的时候,常常听到钟体、欧体、褚体、颜体、柳体、赵体等一些名称。这是指钟繇、欧阳询、褚遂良、颜真卿、柳公权、赵孟頫等一些历史上有名的书法家们书写的具有独特风格的汉字体式的名称。

这些书法家们长时间地学习和研究汉字笔画及结构的书写方式,多年后逐渐地形成了自己独特的书写风格。他们写出来的汉字不仅是一种语言交流的工具,更是一种具有观赏价值的艺术品。他们的字体成为了一种书写的典范,千百年来一直被人们模仿学习。这些书法家主要的成就是楷书,下面也就从楷书方面来介绍这些名称所表示的不同的汉字体式。

(1)钟体。钟体是指汉末魏初书法家钟繇(151—230)书写汉字的体式风格。代表作是《贺捷表》、《力命表》。钟体楷书的特点是用笔浑厚,体势横扁,结构疏朗宽博。由于当时楷书刚从隶书中蜕变出来,所以结构、形体、法度都不如后来的唐朝的楷书工整。

(2)欧体。欧体是指唐朝书法家欧阳询(557—641)书写汉字的体式风格。代表作是《皇甫君碑》、《九成官醴泉铭》。欧体楷书特点是用笔刚劲峻拔,笔画方润整齐,结构开朗爽健。

（3）褚体。褚体是指唐朝书法家褚遂良（596—658）书写汉字的体式风格。代表作是《孟法师碑》、《雁塔圣教序》。褚体楷书的特点是用笔稳和清劲,字态灵俊秀颖,有外柔内刚之气势。

（4）颜体。颜体是指唐朝书法家颜真卿（709—785）书写汉字的体式风格。代表作是《多宝塔碑》、《颜勤礼碑》。颜体楷书的特点是笔画清劲丰肥,间架严谨茂密。

（5）柳体。柳体是指唐朝书法家柳公权（778—865）书写汉字的体式风格。代表作是《玄秘塔碑》、《神策军碑》。柳体楷书的特点是用笔清劲峻拔,结构严谨。

（6）赵体。赵体是指元朝的赵孟頫（1254—1322）书写汉字的体式风格。代表作是《千字文》。赵体楷书的特点是笔画圆润清秀,结构端庄严谨。

书法家们书写的楷书虽然有各自不同的风格,但是他们字体的特征和区别大致上可以分为三种类型:一是用笔方正,笔画瘦硬,结构疏朗;二是用笔圆润,笔画肥厚,结构茂密;三是用笔方圆兼使,笔画秾纤肥瘦皆备,结构疏朗茂密俱全。

除了有名的书法家以外,某一个时期形成的独特的书写风格也成为了一种典范,被人们临摹学习。例如:

（7）魏体。魏体是北朝时期（386—581）北魏、东魏、西魏等碑刻中一种独特的楷书字体,笔力沉着凝重,强劲粗犷,浑厚圆润。魏体也用在印刷体中,有时用来印文章的标题或警句。

魏体字例:日月水火木金土大小多少远近

要注意,这里讲的"钟体、欧体、褚体、颜体、柳体、赵体、魏体"都是楷书体，是人们用毛笔书写楷书时不同的体式风格；前面说的"宋体、仿宋体、黑体、楷体"也是楷书体，是印刷铅字楷书体的不同字形。汉字形体在不同的方面有很多不同的名称，学习汉字的时候注意不要搞混了这些名称。

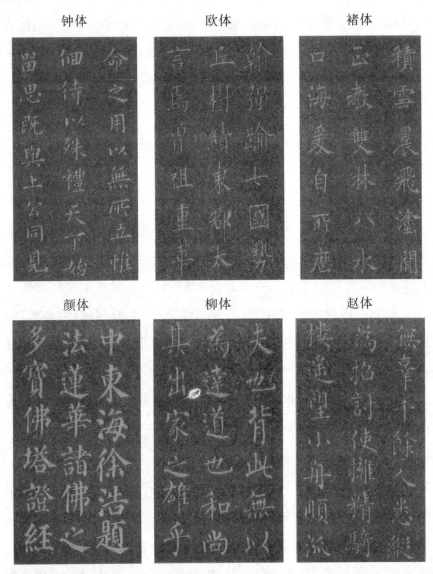

钟体　　　　　　　　欧体　　　　　　　　褚体

颜体　　　　　　　　柳体　　　　　　　　赵体

四十、汉字的数量

对一般人来说,汉字是一个笼统的概念。汉字的数量非常庞大,但是人们在日常的生活中能够经常用到的汉字的数量却是非常有限的,这就使得对于绝大多数人来说,并不需要认识全部的汉字。

(一)汉字究竟有多少

汉字究竟一共有多少字? 到目前为止,恐怕还没有人能够回答出精确的数字。

关于汉字的数量,根据古代的字书和辞书的记载,可以看出其发展情况。

秦代的《仓颉》、《博学》、《爱历》三篇共有 3300 字,西汉的扬雄作《训纂篇》有 5340 个汉字,到东汉的许慎作《说文解字》就有 9353 字了。晋宋以后,文字日渐增繁。据唐代封演《闻见记·文字篇》所记,晋吕忱作《字林》,有 12824 字,后魏杨承庆作《字统》,有 13734 字,梁代的顾野王作《玉篇》有 16917 字。唐代孙强增字本《玉篇》有 22561 字。宋代司马光修《类篇》增至 31319 字,到清代《康熙字典》就有 47000 多字了。1915 年欧阳博存等编著的《中华大字典》,有 48000 多字。1959 年日本诸桥辙次的《大汉和辞典》,收字 49964 个。1971 年张其昀主编的《中文大辞典》,有 49888 字。

随着时代的推移,字典中所收的字数越来越多。1990 年徐仲舒主编的《汉语大字典》,收字数为 54678 个。1994 年冷玉龙等的《中华字海》,收字数更是惊人,多达 85000 字。

如果学习和使用汉字真的需要掌握七八万个汉字的音形义的话,那么世界上就没人能够也没人愿意学习和使用汉字了。幸好《中华字海》一类字书里收录的汉字绝大部分是"死字",也就是历史上存在过而今天的书面语里已经被废置不用的字。

有人统计过"十三经",全部字数为 589283 个字,其中不相同的单字数为 6544 个字。因此,实际上人们在日常使用的汉字不超过六七千。

汉字的历史非常悠久,大约已有三千年的历史了。在这三千年中,汉字随着社会的发展,有的旧字虽然消失了,但更多的汉字又出现了,因此汉字总的趋势是增加的:

商:甲骨文约 3500～4500 个字。

秦:《仓颉》、《博学》、《爰历》三篇共 3300 字。

汉:扬雄《训纂编》收录 5340 个字。

汉:许慎的《说文解字》收录了 9353 个字。

魏:李登的《声类》收录了 11520 个字。

魏:张揖的《广雅》收录了 18151 个字。

晋:吕忱的《字林》收录了 12824 个字。

梁:顾野王的《玉篇》收录了 16917 字,今本《玉篇》经过后人增补,实有 22561 字。

司马光

宋:陈彭年等《广韵》收录 26194 个字。

宋:张麟之《韵海镜源》收录 26911 个字。

宋:司马光等《类篇》收录 31319 个字。

明:梅膺祚的《字汇》收录 33179 个字。

明:张自烈的《正字通》收录了 33549 个字。

清:张玉书等《康熙字典》收录 47035 个字。

1915 年：陆费逵等《中华大字典》收录 48000 多字。

1968 年：辞典编委会《中文大辞典》收录 49905 个字。

1990 年：徐仲舒等编《汉语大字典》收录了 54678 个字。

1994 年：冷玉龙等编《中华字海》收录了 85568 个字。

（二）古代汉字使用的数量

字书收录的字数是历代累计起来的总字数，一个朝代字书所收录的字并不代表那个朝代当时的实际用字量。要知道一个朝代的实际用字量是一个很困难的事情，需要做详尽的调查统计，下面是一些学者对商周两个时期文字使用情况做的研究。

商代后期文字使用量，根据甲骨文字数的统计推测，大概在 5000 字左右。周朝文字使用量，根据周朝主要文献《十三经》用字量来统计推测，十三经总字数有 589283 字，单字有 6544 个。由于十三经跨越的时代比较长，从西周一直到秦汉，因此周朝实际用字的字数大概要比十三经的字数少一些。[1]

也有学者根据十三经用字量的统计，认为先秦用字总量大体在 7000 字左右，通用文字量估计在 3500 字左右。[2]

下边是十三经中一些书籍用字的情况。

《诗经》全书有 29646 字，所用的单字有 2939 个。

《尚书》全书有 24538 字，所用单字有 1938 个。

《易经》全书有 20991 字，所用单字有 1595 个。

《论语》全书有 15918 字，所用单字有 1512 个。

《孟子》全书有 35377 字，所用单字有 1959 个。

---

[1]　参见裘锡圭著《谈谈汉字整理工作中可以参考的某些历史经验》，《语文建设》1987 年第 2 期。

[2]　参见王凤阳著《汉字学》545 页，吉林文史出版社，1989 年。

《礼记》全书有 99008 字，所用单字有 2367 个。

《春秋三传》总字数有 245838 字，所用单字有 3912 个。

(三)现代汉字使用的数量

现代汉语使用汉字的数量有多少呢？我们可以从一些现代典范著作的统计数字中看出一个大概的情况。例如：

毛泽东《毛泽东选集》1－4 卷，总字数 659928 个，所用单字有 2981 个。①

孙中山《三民主义》所用单字有 2134 个。

茅盾《子夜》所用单字有 3129 个。

老舍《骆驼祥子》所用单字有 2413 个。

叶圣陶《倪焕之》所用单字有 3039 个。

曹禺《雷雨》、《日出》、《北京人》所用单字有 2808 个。

赵树理《三里湾》所用单字有 2069 个。②

1988 年 1 月 26 日国家语言文字工作委员会和国家教育委员会联合发布了《现代汉语常用字表》，其中常用字有 2500 个，次常用字有 1000 个，合起来一共 3500 个。有关单位用计算机抽样统计 200 万字语料，对 3500 个字的使用频率进行检测。结果表明 2500 个常用字覆盖率达 97.97%，1000 个次常用字的覆盖率达 1.51%，合计《现代汉语常用字表》的 3500 个常用字的覆盖率是 99.48%。③ 在这之前，也有学者对现代汉字使用情况做过调查统计，结果表明如果一个人能掌握 3800 个字的形、

---

① 参见张朝炳著《毛泽东选集用字的字数、次数按音节分布情况》，《中国语文》1980 年第 3 期 196 页。
② 参见苏培成著《二十世纪的现代汉字研究》112 页，书海出版社，2001 年。
③ 参见国家语言文字工作委员会汉字处编《现代汉语常用字表·说明》，《语言文字规范手册》107 页，语文出版社，1997 年。

音、义，就能阅读一般书刊内容的 99.9％左右。[①]

这就是说汉字总数量虽然很多，但对于一般人来说，只要掌握了3500 个常用字，差不多就可以阅读一般的报刊杂志了。

1988 年 3 月 25 日国家语言文字工作委员会和新闻出版署又联合发布了《现代汉语通用字表》，收录了现代汉语通用字 7000 个，其中包括《现代汉语常用字表》的 3500 个常用字。通用汉字是指一般书籍、报纸、杂志上共同使用书写现代汉语普通话的汉字。通用汉字不包括方言字、罕用字以及生僻的古汉语用字。7000 个通用字基本上是现代汉语的总用字量。

1990 年至 1991 年，国家对外汉语教学领导小组办公室汉语水平考试部和北京语言学院汉语水平考试中心联合研制了《汉语水平词汇与汉字等级大纲》。《汉语水平词汇与汉字等级大纲》针对外国学生的情况选收了 2905 个汉字。这 2905 个字中有 2485 个字是《现代汉语常用字表》中的常用字。[②] 这些字是外国学生学习汉语时应该掌握的。

（四）常用汉字和通用汉字

在人们日常的社会生活中，不同的部门、行业，不同职业的人的用字量是不同的；在学校教育的不同阶段，也需要规定不同数量的识字标准。因此，汉字字量的标准就不能只有一个，而应该有不同的类别和层次。就拿汉字来说，首先应该区分出常用字和通用字。

常用字应该是经常使用的，普通人在阅读一般书籍、报刊时必须掌握的字。但这种"经常使用"只是一个模糊的概念，因此在不同的历史时期，根据需要的不同，"常用字"概念的内涵也应该发生变化，即使是同样

---

① 参见陈明远著《数理统计在汉语研究中的应用》，《中国语文》1981 年第 6 期 468 页。
② 参见苏培成著《二十世纪的现代汉字研究》145 页，书海出版社，2001 年。

的适用范围,其所收字与收字量也应该不同。

通用字的范围比常用字要大一些,它是指一个时期的辞书编纂、出版印刷和汉字信息处理所需要使用的汉字。现代汉语通用字则是指在现代汉语的使用中所需要的汉字,它不包括很生僻的、专门用于古代汉语的用字,也不包括专业用字。根据对历代文字资料的统计,从商代到现代,通常使用的汉字数量并没有发生显著的变化,一直在五六千左右。近年来制定的具有通用字表性质的汉字标准,基本上维持了这一数目。如:《印刷通用汉字字形集》收字 6196 个,国家标准《信息交换用汉字编码字符表》收字 6763 个,等等。根据近年来实际使用的情况,国家语委在1988 年研制成的《现代汉语通用字表》,共收字 7000 个。

不难看出,现代通用汉字的数量大体在 6000～9000 之间,现代汉语常用字大约有 3000～4000 个。

四十一、汉字的发展趋势和方向

从汉字形体的发展历史我们可以很容易地看出,汉字的发展趋势是逐渐简化的。而为了适应现代社会信息沟通交流的方便和快捷,汉字也一定要规范化起来。规范化并不是意味着要消灭少数民族的文字,而是要让汉字使用者在使用汉字的时候能够规范运用。

(一)汉字的简化

汉字简化一般有两种含义:一方面是指把汉字加以简化这项工作,另一方面是指被简化了的汉字。后一种含义一般多称为简化字。简化字是和繁体字相对应的一个概念,同一个汉字,简体比繁体笔画少得多。简化字旧称破体、简体字、简易字、简字、小写、手头字、俗字、俗体字等等。汉字的简化,在古代是汉字形体的自然演变,到近代则是人们对汉字字形有意识的改革。

早在甲骨文和金文当中,汉字就有了简体。发展到小篆时期,很多汉字的字体都简化了。到了隶书和楷书时期,简化的字体就更多了。在汉魏六朝的碑刻当中,在唐代的写经里,都有不少简体汉字。宋代以后,简体字由碑刻和手写的经书转到雕版印刷的书籍上,从而扩大了传播的范围,数量也明显增加。到了近代,在洪秀全建立的太平天国的文书以及玉玺上都使用了简体字。

陆费逵像

1909 年,陆费逵在《教育杂志》创刊号上发表提倡使用简体字的论文《普通教育应当采用俗体字》。1921 年又发表论文《整理汉字的意见》，提出了整理汉字的一些具体办法：限定通俗用字在 2000 个左右；减少笔画，第一步采用已有社会使用基础的简体字，第二步把其他笔画多的字也加以适当地简化。1922 年，钱玄同在国语统一筹备委员会提出了一项《减省现行汉字的笔画案》，由黎锦熙、杨树达等联署。这个提案是把简体字作为运动推行的号召。提案指出："文字本是一种工具，工具应该以适用与否为优劣之标准。笔画多的，难写、费时间，当然是不适用。笔画少的，容易写、省时间，当然是适用"，"改用拼音是治本的办法，减省现行汉字笔画是治标的办法"，"治标的办法实是目前最切要的办法。"提案主张把这种过去只通行于平民社会的简体字，正式应用于一切正规的书面语上。

(二)汉字的规范化

汉字的规范化指的是现行汉字系统的标准化的整理工作，通常把它归纳为"四定"，即现代汉字规范化是对汉字的数量、汉字的形体、汉字的读音以及汉字的排序四个方面进行规范，也就是对现代汉字进行定量、定形、定音、定序。

1.汉字定量

汉字从甲骨文发展到今天，总数量有 86000 之多。这 86000 多个汉字很多都是古汉语用字，它们在现代汉语中大都是不常用的，现代汉语使用的汉字只是其中很少的一部分。那么现代汉语究竟使用多少汉字，应该有一个确定的数量。

要确定现代汉语中有多少汉字在使用，首先要明确哪些是古汉语用字，哪些是现代汉语用字，然后对现代汉语的汉字使用情况进行统计分析，定出一个数量标准。现代汉字有了数量标准，编写现代汉语字典时收录字数也就有了科学的依据，汉字的信息处理也有了根据。

汉字定量要确定现代汉语用字的数量,同时也要确定现代汉语用字的字级,说明哪些是常用字,哪些是次常用字,哪些是非常用字;确定通用字和专用字的范围。现代汉字有了这些不同的等级和范围,汉字教学以及教材编写也就有了在不同等级中取字选词的依据。

日常的现代汉语用字有多少呢?1965年国家发布的《印刷通用汉字字形表》收录了6196个字;1981年发布的《信息交换用汉字编码字符集——基本集》收录了6763个字,其中包括常用字3755个,次常用字3008个。1988年1月发布的《现代汉语常用字表》收录了2500个常用字和1000个次常用字。1988年3月发布的《现代汉语通用字表》收录了7000字。除了通用字以外,现代汉字还包含一些科技、民族、宗教、人名、地名等专用的"专业用字"。

2.汉字定形

汉字应该是一字一体,可是有些汉字是一字两体或更多的形体,这些多形体的字有的偏旁不同,有的部件位置不同,有的是笔画不同,异形词里整个字都不同。这些同义异体的字给学习者带来了很大的麻烦,规范汉字除了为汉字定数以外,也要为汉字定形。

汉字定形就是规定现代汉字使用统一的标准字形,让现代汉字做到一字一形,取消异体字,规范异形词。几十年来简化汉字和整理异体字已经为汉字定形做了大量的工作,例如:国家发布的《简化字总表》、《第一批异体字整理表》、《印刷通用汉字字形表》、《第一批异形词整理表》,等等,这些都为汉字形体做出了规范。

3.汉字定音

许多汉字存在着一字多音的现象,有的字不同的读音表示不同的含义;有的字不同的读音并不表示新的含义。多音字是学习汉语一个很大的难点,汉字规范化的目的之一就是为汉字定音。

汉字定音就是确定现代汉字的标准读音,规范多音字的读音,减少异读现象。国家 1957 年发布了《普通话异读词审音表初稿》，1959 年发布了《普通话异读词审音表初稿（续）》，1962 年发布了《普通话异读词审音表初稿（第三编）》，1963 年发布的《普通话异读词三次审音总表初稿》，规定了 1800 多个异读词的标准读音。

1985 年又发布了《普通话异读词审音表》，审定了 839 个异读字的读音。《普通话异读词审音表》要求文教、出版、广播等部门及其他部门、行业涉及普通话异读词时，以该表为准。

4.汉字定序

汉字定序就是确定汉字的编排顺序，也就是确定汉字在字典及其他检索表中排列的顺序。查汉字需要知道汉字排列的顺序，由于汉字的复杂性使得它有好几种不同的排列方法，现在常见的有拼音字母查字法、部首查字法、四角号码查字法和笔画、笔形查字法等。

由于历史的原因，汉字每一种查字法都还没有一个标准的排列顺序，这不仅给词典编写带来麻烦，也给学习汉语的人造成不便，因此在汉字规范化的时候，也一定要给汉字定序，为汉字制定一个标准的排列顺序。

要制定标准的拼音字母查字法，就要规定同声、同韵、同调字的排列顺序。要制定标准的部首查字法，就要有一个统一的部首表，要规定汉字归部的原则，规定同部首下汉字排列的顺序。要制定标准的四角号码查字法，就要规定同码字的排列顺序。要制定标准的笔画、笔形查字法，就要规定统一的笔画数目和笔顺次序。

汉字定序可以消除字典及各类检字表中汉字排列不统一的情况，人们查检汉字就会比较方便。

字量研究的目的是要做到字有定量，要适当限制现代汉字的字数。所谓"定量"并不是要确定汉字的总量，而是要确定现代规范汉字的数量。

字形研究的目的是要做到字有定形,字形要简明、合理,便于学习和应用。定形主要是指规定现代汉语用字的标准字形。作为人们在社会生活中的重要交际工具的文字,具有两面性:一方面是人们在社会交际中为了提高效率而要求字形的统一,也就是说人们要求同一个汉字的写法要固定且统一,以便于识别;另一方面,个人书写中为了追求快捷方便而出现的难以避免的随意性,这种随意性和个性化造成了汉字笔画和字形的不规范。汉字定形的问题主要是消除异体字,这个工作在计算机信息处理时代显得尤为重要。

字音研究的目的是要做到字有定音,减少多音和异读。所以定音就是确定现代汉字的规范字音。在定音的过程中,重点是要规范多音字的读音,减少异读的情况。最终的目标是使汉字的读音简单明确,易学易用。

字序研究的目的是要做到字有定序。汉字的排序问题主要是在编写字典、词典以及其他工具书的时候显得非常重要。

(三)纠正社会用字的混乱现象

正确地使用汉字,认真地贯彻执行汉字的正字法,对提高全社会的语文水平和交际效率、促进社会主义精神文明建设,都有着十分重要的意义。新中国成立以来,在这些方面做了许多工作,取得了很大的成效,但是我们也应该清醒地意识到,当前在社会用字方面还存在着许多问题,具体表现为滥用繁体字、乱造简化字和随便写错别字等。

滥用繁体字的情况比较严重。据一些省市的抽样调查统计,在几类不规范的汉字中,滥用繁体字的情况占到了 50%～60%。情况最为严重的是工厂、企业、商店、事业单位的牌匾用字,报刊的名称用字,影视片片名用字和书名用字等。另外,当前错用繁体字和繁简混用的现象也很严重,这就加剧了社会用字的混乱。有一本图书叫《皇後淚》,规范的写法应该是《皇后泪》。"皇后"的"后"没有简化,根本就不能写作"皇後";

"涙"是"泪"的异体字。

错别字具体来说包括错字和别字。错字指的是汉字中根本没有的字；别字指的是汉字中虽然有这个字但是不能那样用的字。在现如今的语言文字生活中，我们时常能见到错别字。例如，"蒸汽"的"蒸"少了中间的一横。"喜迎回归"的"迎"，错成了走之旁加个"卯"。"苹果店"错成了"萍果店"，不知道卖的是什么果品。

滥用繁体字

推行规范汉字首先要消灭错别字。常见的错字有三种：增笔、减笔和写错结构。常见的别字有：同音别字。如"大快人心"错成"大块人心"，"一箭封喉"错成"一剑封喉"，"水火不容"错成"水火不融"，"蝇营狗苟"错成"蝇蝇狗狗"，"情有独钟"错成"情有独衷"；形近别字，如"床笫"错成"床第"，"大杂烩"错成"大杂脍"，"春风和煦"错成"春风和熙"，"肆无忌惮"错成"肆无忌弹"，"相形见绌"错成"相形见拙"；同音形近别字，如"竞赛"错成"竟赛"，"通宵"错成"通霄"，"沧桑"错成"苍桑"，"嬉笑打闹"错成"嘻笑打闹"，"皇皇巨著"错写成"煌煌巨著"。

【专题】容易写错的字

下面列出了一些比较常见的容易写错的词语，大家应该注意学习其中那些容易写错的字的正确写法。括号外的字是正确的，括号内的字是错误的。

按部（步）就班　　班（搬）门弄斧　　变本加厉（利）　　标新立异（意）

别出心（新）裁　　病入膏肓（盲）　　不耻（齿）下问　　不计（记）其数

不假（加）思索　　不胫（径）而走　　不咎（纠）既往　　不刊（堪）之论

不落窠（巢）臼　　草菅（管）人命　　层峦叠（迭）嶂　　陈词滥（烂）调

称(趁)心如意	出类拔萃(粹)	出奇制(致)胜	川(穿)流不息
唇枪舌剑(箭)	寸草春晖(辉)	到处传诵(颂)	得不偿(尝)失
豆蔻(寇)年华	短小精悍(干)	发号施(司)令	飞扬跋(拔)扈
纷至沓(踏)来	丰功伟绩(迹)	风尘仆仆(扑扑)	凤毛麟(鳞)角
负隅(偶)顽抗	甘拜(败)下风	各行其是(事)	鬼鬼祟祟(崇崇)
含辛茹(如)苦	汗流浃(夹)背	哄(轰)堂大笑	虎视眈眈(耽耽)
哗(华)众取宠	荒诞(旦)不经	激(急)流勇进	集思广益(议)
记忆犹(尤)新	嘉(佳)宾满座	精神焕(换)发	精神可嘉(佳)
狙(阻)击敌人	开诚(成)布公	开天辟(劈)地	滥(烂)竽充数
老态龙钟(肿)	雷厉(励)风行	礼尚(上)往来	寥(瞭)若晨星
流言飞(非)语	名列前茅(矛)	明辨(辩)是非	明火执仗(杖)
摩(磨)拳擦掌	磨杵(杆)成针	牟(谋)取暴利	能屈(曲)能伸
宁死不屈(曲)	旁征(证)博引	披星戴(代)月	迫不及(急)待
气冲霄(消)汉	千锤百炼(练)	千钧(斤)一发	轻歌曼(慢)舞
穷兵黩(读)武	惹是(事)生非	任(忍)劳任怨	如法炮(泡)制
如火如荼(茶)	如愿以偿(尝)	入不敷(付)出	三番(翻)五次
声名狼藉(籍)	食不果(裹)腹	史无前例(列)	势(试)在必行
拭(试)目以待	首(手)屈一指	受益匪(非)浅	肆无忌惮(弹)
提(题)纲挈领	天涯海角(脚)	铤(挺)而走险	完璧(壁)归赵
万马齐喑(暗)	委曲(屈)求全	无耻谰(滥)言	无稽(计)之谈
无精打采(彩)	无可非议(意)	无所事(是)事	无妄(忘)之灾
瑕不掩瑜(玉)	心旷神怡(移)	兴高采(彩)烈	凶相毕(必)露
徇(殉)私舞弊	言简意赅(该)	偃(掩)旗息鼓	一笔勾销(消)
一筹(愁)莫展	一如既(继)往	依山傍(旁)水	以逸待(代)劳
义不容辞(词)	因噎(咽)废食	阴谋诡(鬼)计	饮鸩(鸠)止渴
英雄辈(倍)出	勇(永)往直前	有恃(持)无恐	怨天尤(由)人

再接再厉(励)　　责无旁贷(代)　　张冠李戴(带)　　仗义执(直)言

振聋发聩(愧)　　置若罔(网)闻　　中流砥(抵)柱　　珠联璧(壁)合

专心致(至)志　　自力(立)更生　　走投(头)无路

(四)规范汉字与《规范汉字表》

从 20 世纪 50 年代开始,国家陆续发布了一系列的规范性字表,已经发布的有:关于繁简体字的《简化字总表》;关于现代汉字数量的《现代汉语常用字表》、《现代汉语通用字表》;关于异体字、正体字的《第一批异体字整理表》、《印刷通用汉字字形表》及《第一批异形词整理表》;还有关于异读词的《普通话异读词审音表》,等等。

几十年来,这些规范性的字表促进了汉字社会应用的规范化、标准化,但是几十年后的今天,社会的语言文字使用情况又发生了很大的变化,以前发布的某些规范已经不能完全适用了;而且由于字表发布的时间不一,有的字表之间存在着诸多矛盾;有的字表本身也存在着不太完善的地方;①再者说,这些字表各自分散,也不便于人们使用。

2001 年《中华人民共和国国家通用语言文字法》实施,《中华人民共和国国家通用语言文字法》要求"推行规范文字"。为了适应新时期的要求,为了满足现在语文教学、新闻出版、汉字信息处理等领域的需求,目前国家有关部门正在制定一个集各类规范字表为一体的完整的、科学的《规范汉字表》。

《规范汉字表》将注重于文字自身发展的科学性和群众实际应用的社会性,为现代汉字定量、定形、定音、定序。《规范汉字表》的发布,将会对汉字的规范化、标准化产生很大的影响,也会为汉字教学提供很大的方便。

---

① 参见高更生著《谈规范汉字》,李宇明、费锦昌主编《汉字规范百家谈》168－176 页,商务印书馆,2004 年。

四十二、汉字与传统文化

汉字与中国的传统文化有着悠久而密切的联系,汉字里面积淀着中国传统文化的结晶,中国的传统文化也仰仗着汉字的传播而流传得更为久远。汉字产生以来,以其为主体产生了许多中华民族特有的文化现象,如合文、倒文、灯谜、测字、对联、回文诗、宝塔诗、避讳和禁忌等。书法、篆刻、碑帖等艺术作品,都可以表现意境之美,气质之美,这也与汉字有关。从汉字与中国传统文化的密切关系来论述汉字的独特魅力,能够引导我们从文字中汲取传统文化的精髓,领悟民族精神的传承。

(一)汉字游戏

汉字在中国人的日常生活中起着非常重要的作用,它不仅是严肃的,更是生动而富有谐趣的。汉字能衍生出很多游戏,供人们赏玩,从这些游戏中我们可以也看出古人的智慧。

1.灯谜

灯谜又名文虎,猜灯谜,也被称为射、解、拆、打虎、弹壁灯、商灯等。现在,人们都习惯用"灯谜"一称。

灯谜是我们民族传统的一门综合性艺术。早在夏代时就出现了一种用暗示来描述某种事物的歌谣。到了春秋战国时期,这种歌谣发展演变成"廋辞"(也称作"隐语")。当时由于列国纷争,有不少游客在进谏时,往往都用"隐语"说出自己的政见,使君王从中得到启发。《国语·晋语》中记载:"有秦客廋辞于朝,大夫莫之能对也。"可见那时的"廋辞"和"隐语",就是我国灯谜的雏形。直至南朝时的文学家鲍照作"井"、"龟"、

"土"三个字谜,并以《字谜三首》收入他的诗集后,才有了"谜"字的说法。我国南朝著名的古典文艺理论家刘勰在《文心雕龙·谐隐》中说:"自魏代以来,颇非俳优,而君之嘲隐,化为谜语。谜也者,回互其辞,使昏迷也。或体目文字,或图像物品,纤巧以弄思,浅察以炫辞。义欲婉而正,辞欲隐而显。"他对谜语发展的历史、谜语的定义及其特征都作了深刻的分析和精辟的阐述。

开始时谜只是流行于口头的猜测,直到三国时期才开始有人把谜写在纸上贴出来让人猜对。到了南宋时期,有些文人学士为了显示自己的才学,常在元宵花灯之夜,将谜条贴在纱灯上,吸引过往的行人,因此又有了"灯谜"一称。清代中叶以后,谜风大盛,涌现了许多谜师。目前,在世界各地的华人社区,每逢正月十五仍有灯谜的相关活动。

总的来说,谜语在春秋时代叫"隐语"、"廋辞"、"言隐";在汉代的时候叫"射覆"、"离合"、"字谜";在唐时叫"反语"、"歇后";在五代时叫"覆射";在宋时叫"地谜"、"诗谜"、"藏头"、"市语"、"戾谜"、"社谜";在元代时叫"独脚虎"、"谜韵";在明时叫"反切"、"商谜"、"猜灯"、"弹壁"、"弹壁灯"、"灯谜"、"春灯谜";在清时叫"谜子"、"谜谜子"、"切口"、"缩脚韵"、"文虎"、"灯虎"、"春谜"、"灯谜"等。

2.民间的花鸟字

花鸟字是指一些民间艺人用一些花卉和禽鸟的图案拼写成的汉字,又叫龙凤字、多彩花鸟虫鱼组合书法、藏字画、字谜语、飞帛板书、意匠文字,又因为它常常用于书写某个人的姓名,故也被叫作名字作画,等等。近看实际上是一些花鸟画,远看其整体却是一幅字,这种字画结合的艺术形式被称作花鸟字,是一种多彩花鸟虫鱼组合书法。在国内,以前只有在春节庙会中和一些节日集会中才可以看到,不过现在我们经常可以在路边摆摊处看到创作这种花鸟字的民间艺人。早期的花鸟字画大多写的是一些吉祥话儿，以祈求吉利；现在我们在庙会见到的花鸟字画则是以书写顾客的姓名为主，购买者的目的也由祈求吉祥逐渐转变为猎奇。

花鸟字的作者利用特制的多彩画笔，能够快速描绘出简洁的物形、螺线等代替文字的笔画，利用字画交融的结构形式，巧妙地将字、画融于一体，表达出吉祥喜庆等多种效果，同时又能增强文字的意趣及视觉的冲击力。花鸟字既有传统国画的干净利落，又有西洋画的鲜艳色彩，飞龙、舞凤、花草、小鸟、蝴蝶、鱼儿相映成趣，令人百看不厌，故有"书法家难起笔，画家难润色"之说，是中华民族历史文化百花园中的一朵奇葩。

关于这种书写形式的由来还有典故。

传说在汉灵帝熹平年间，皇帝命大学者蔡邕作《圣皇篇》以歌颂先帝功业。蔡邕此文完成后，皇帝下令把它篆写在鸿都门上。但不管用什么样的字体书写皇帝都不满意。对此蔡邕也很着急，他知道皇帝肯定会问到自己，但自己也没想出有什么更为别致的书体让皇帝满意，若是推辞了，又显得自己没本事，好不为难！

正在这时，一个在宫中打扫卫生的下人扫地扫到了蔡邕的身边。那个仆人可能是一天的活儿即将做完，心中十分高兴，正挥动着大扫帚在地上左扭右转，写出了一个硕大的好字。扫帚掠过尘埃的每一个笔画，都清晰可见，就像一条长帛飘然欲飞，然后落在地上，凝成一个灵动的文字。蔡邕一见心里便有了谱，不由得笑出声来。皇上问蔡邕为何发笑。蔡邕说自己头脑中思索出了一种书体，可彰圣皇的龙虎之

文姬归汉

势,但从未有人书写过,自己愿意一试。回到书房,蔡邕便特制了板笔,轻蘸浓墨,在纸上奋笔疾书,好像竹帚扫尘一样,写出了史无前例的"飞白书",灵帝为之大悦。

自从蔡邕创出飞白书以后,学习这种书体的人非常多,上至皇上下至黎民百姓都津津乐道。后来又有人把鸟书和飞白书相结合,创作出了一种飞白鸟书。

(二)用字的避讳和禁忌

因为在中国古代,人们把汉字看得十分重要,所以才有了避讳与禁忌的说法。避讳最重要的是避皇帝君王的讳,但是由此衍生开来,又有了形形色色的其他避讳。在现代的中国,人们的忌讳已经不是那么多了,但是在一些领域,中国人在这方面还是很讲究的。

皇帝赐字的陈廷敬

在山西上党有个"皇城村",这里曾经有一位非常了不起的人物。他是一个有名的孝子,他的母亲很想去看看北京城,但是由于她脸上有一道伤疤,出门总是觉得很不好意思,加上年纪也大了,腿脚也不方便,因而一直没有成行。她的儿子为了尽孝道,就仿照北京紫禁城的模样,在家乡盖了一个新城,让母亲天天看。从那以后,这个人的子孙也都世代守卫着这座城,还给它取名叫作"皇城村"。这个修城堡的人就是《康熙字典》的总纂官——陈廷敬。因为陈廷敬的行为符合清朝以"仁孝"治国的国策,康熙皇帝不但没有因"皇城村"没有避讳而治罪于他,而且还给他写了"午亭山村"的匾额和"春归乔木浓阴茂,秋到黄花晚节香"的楹联。

陈廷敬原来的名字叫作陈敬,中间的"廷"字是康熙皇帝的父亲顺治皇帝所赐。顺治十五年(1658年),陈敬进京赶考,殿试的时候,顺治皇帝进入考场视察,他发现有一个青年很是特别,竟然拿着酒进考场,只见他面目清

紫禁城文渊阁

秀,颇有些文人洒脱之气,就记下了他的名字。发榜的时候,顺治特意问臣下陈敬有没有被选中,要主考官引他来觐见。结果,来的人并不是那个拿酒的青年。原来,考中的人里面有两个陈敬:一个顺天府的,一个山西的。拿酒的青年是山西人,主考官引来的却是顺天府的那位。后来,因为山西的陈敬"才高一筹",殿试取得第一名,顺治钦赐他"廷"字在"敬"字之前,以表彰陈廷敬廷试时的际遇,从此陈敬就叫陈廷敬了。

因为为官正直,才华横溢,陈廷敬步步高升。康熙四十二年(1703年)拜文渊阁大学士兼吏部尚书,官位相当于副宰相。康熙四十九年(1710年),康熙皇帝命张玉书和他主持编纂一本字典,本来是命张玉书担任总纂官,陈廷敬辅助的,没想到第二年,张玉书病逝,陈廷敬便继任为总纂官。

陈廷敬为《康熙字典》的编纂工作付出了大量的心血,他不仅亲自审阅文稿、编订目录、考校典籍,还不忘招纳天下才子共同加入到这项工作中来。终于历时两年,完成书稿。康熙皇帝非常高兴,亲自题书"康熙字典",还要陈廷敬撰写序言。但是此时陈廷敬已经年逾七十,没有等到1716年字典真正出版问世,就已经去世了。

(三)各种好玩儿的汉字

汉字文化,博大精深,方寸之间,尽显谐趣。汉字中有很多寓意深刻而且很难被异族人理解的字,福字、喜字即是此类。以下我们将会举出一些这样的例子,并追根溯源,探寻它们的来历。

合文和倒文

两个或数个汉字合写成一个整体,字形如一个汉字一样,但读音仍读合写在一起的字的各自读音。这种特殊的汉字构成形式,文字学上习称之为"合文"。这种合文现象多出现在先秦古文字中,目前发现的有五种合写形式:一是上下合写,如甲骨文中的"玄"("十五"的合文)、"宷"("小甲"的合文),金文中的"孝"("小子"的合文),战国文字中的"分"("八月"的合文)等;二是左右合写,如甲骨文中的"ᄾ"("太乙"的合文)等;三是包容在一起的,如甲骨文的"弖"("雍己"的合文)等;四是上下左右合写,如甲骨文中的"Dᵀ"("十二月"的合文)等;五是借笔合写,如金文中的"峕"("五百"的合文)等。到秦汉简帛文字中还有少数合文出现。

倒文是指某一汉字的写法上下颠倒而构成的新字,这种字在甲骨文和金文中偶有出现。如倒"人"为"匕"、倒"亯"为"旱"、倒"首"为"㬜"、倒"子"为"ᴁ"等。这类字在传统的"六书"归属中尚无定论,有的学者认为是指事字,有的学者认为是会意字。

1.福字的寓意

"福"字在现代汉语中是一个常用字,用来表示"幸福"、"福气"等义。从该字的甲骨文字形来看,它的左半部的上面是个"酉"字,是个盛酒的容器,实际上就是"酒"字的初文。左下半部分是两只"手"(又),表示双手捧着一个酒樽;它的右半部分是个"示"字,代表祖先的神主,整个字意思是会意双手捧着一樽酒在祖先的神主前祭献,以求得神主保佑。《说文解字》在解释"福"字的字义时说"佑也","佑"就是赐福、保佑的意思。

其金文字形较甲骨文字形有所变化,首先是该字的左右结构换了个位置,"示"由右移到左,而"畐"由左移到了右,同时金文比甲骨文还省去了捧酒的两只"手"。小篆的形体基本沿袭了金文的字形结构,只是它的右半部分走向了线条化,变得不像盛酒的酒樽了。楷体的结构与小篆的结构基本一致。

"福"字剪纸

古代祭祀是为求得上帝或神祖的保佑,如《左传·庄公十年》里说"小信未孚,神弗福也",意思是说:小的诚心没有达到诚信动人的地步,那么神是不会保佑他的。祭祀后要把祭品(酒、肉)分别送人叫"致福"、"归福",由此引申出"幸福"之义,用作名词,这是"福"字在今天常用的含义。战国时期的哲学家韩非子认为"全寿富贵谓之福",古书中常说人的"五福"是:一是长寿,二是富裕,三是康宁,四是修好品德,五是享尽天年。人们常说的"五福齐备"就是指这些内容。

"福"字是华人过春节时的一个传统习俗,与爆竹、春联、年画一样,成为春节的一种象征。"福"字现在的解释是"幸福",而在过去则指"福气"、"福运"。春节贴"福"字,无论是现在还是过去,都寄托了人们对幸福生活的向往,也是对美好未来的祝愿。据宋代吴自牧的《梦粱录》记载:"士庶家不论大小,俱洒扫门闾,去尘秽,净庭户,换门神,挂钟馗,钉桃符,贴春牌,祭祀祖宗。"文中的"贴春牌"即是指写在红纸上的"福"字,由此可知,贴福字的风俗,至少从宋代已经开始,历史可谓悠久。

每逢新春佳节,家家户户都要在屋门上、墙壁上、门楣上贴上大大小小的"福"字。春节贴"福"字,是我国民间由来已久的风俗。

2.倒贴福字的习俗

"福"字倒贴的习俗据说起源于清代的恭亲王府。一年春节前夕,王府的大管家为了讨主子的欢心,照例写了几个"福"字让人贴于库房和王府的大门上,有个家丁因目不识丁,误将大门上的"福"字贴倒了。恭亲王福晋看了后十分恼火欲对其鞭罚惩戒。多亏大管家思维敏捷,能言善辩,他说道:"奴才常听人说,恭亲王寿高福大造化大,如今大福真的到(倒)了,这乃是吉庆之兆啊!"福晋听罢,觉得合情合理,心想:怪不得过往行人都说恭亲王府福到(倒)了。吉语说千遍,金银增万贯,福晋一高兴,便赏了管家和那个贴倒福的家人各五十两纹银。从此就留下倒贴福字的习俗,民间也迅速流传开来。

"福"字倒贴在民间还有另外一则传说。话说明太祖朱元璋当年用"福"字作记号准备杀人。善良的马皇后为了消除这场灾祸,下令全城百姓必须在天明之前在自家门上贴上一个"福"字。马皇后的旨意自然是没人敢违抗,于是家家门上都贴了"福"字。其中有户人家的主人因目不识丁,竟把"福"字给贴倒了。第二天,朱元璋派人上街查看,发现家家都贴了福字,还有一家把"福"字给贴倒了。皇帝勃然大怒,立即命令御林军把倒贴福字的那家满门抄斩。马皇后一看大事不妙,急忙对朱元璋说:"那家人知道今日您可能亲自微服私访,故意把福字贴倒了,这不是'福到了'的意思吗?"皇帝一听转怒为喜,便下令放人,一场大祸就这样被化解了。从此,人们过年的时候便将福字倒贴过来,一来为了求吉利,二来为了纪念马皇后。

3.康熙御笔——天下第一福

春节的时候在屋子里贴上"福"字,是我国民间由来已久的习俗。人们为了更充分地体现对幸福生活和美好未来的向往,干脆将"福"字倒过来贴,表示"幸福已到"、"福气已到"的美好祝愿。

清代的康熙皇帝一生酷爱书法,但却很少题字,所以康熙的御笔墨宝是中国历代皇帝的笔墨中流传最少的,因此就有了"康熙一字值千金"的说法。传说康熙一生流传到现在的只剩下三个字,分别是"无为"和"福"。"无为"现存于北京故宫,而"天下第一福"则存于北京恭王府中的"福"字碑上。康熙皇帝年幼丧母,是由孝庄皇太后一手抚养长大的。但是正当康熙如日中天的时候,孝庄皇太后却开始重病缠身。康熙希望祖母能够早日康复,于是化孝心于笔锋,创造了震古烁今的"福寿"联体字,然后征召天下能工巧匠,把它

天下第一福

雕刻在一块大青石上,并背着这个"福"字碑前往祈年殿祭拜天神。为表示孝心,康熙大帝跪在"福"字碑上祈福。传说上天显灵,孝庄皇太后的身体奇迹般康复了,于是康熙大帝将"福"字碑请回宫中供奉在佛殿内。乾隆皇帝继位以后,将"天下第一福"赐给了自己的宠臣和珅,和珅命人运来几千块太湖石,在自己府邸的后花园砌成一条巨龙,传说这条龙的位置正好在京城的龙脉上,他将"天下第一福"藏在龙穴之中悉心供奉。新中国成立以来,国家文物局对"福"字碑进行了数次修缮,定为"中华三绝"文物之一。众多海内外名流纷纷慕名前来求福,以拓印的挂轴孝敬长辈。"福"字碑的碑拓也成为国礼之一,几次被国家领导人赠予海内外的贵宾,中华福音从此广泛传播。但由于拓印时需要使用药水,如果不加以限制,天长日久,这块石碑将会被风化殆尽。所以,目前国家有关部门已用玻璃罩将该石碑封存,禁止拓印。纵观康熙皇帝亲笔所书的这个福字,刚劲有力,气势雄浑,右上角的笔画很像一个"多"字,下边为"田"

字,而右偏旁极似"寿"字,因此这个福字又蕴含着"多子、多才、多衣、多田、多福、多寿"的深邃含义。更值得一提的是,碑的正上方刻有康熙的御玺之印以镇福,这更是其他历史传碑无法媲美的,因此这个福字也就不能倒贴了。据民间传说,谁能给家中老人请回这个"天下第一福",老人就一定能够添福添寿。这个"福"字在请回之后还有一定的讲究,除夕挂出,每日须净手焚香,并于晚上用手去摸福字,由下而上,摸得越高,则会越长寿,时至正月十五以后必须收起深藏,此谓"摸年福,增年寿"。待来年端午、中秋、重阳、冬至、除夕之日才可以再次挂出。

4."喜"字溯源

"喜"字是个常用字,在现代汉语中多用来表示快乐、高兴,如"欢喜"、"喜出望外";也可以用来表示可庆贺的,如"贺喜"、"喜极"等;还可以用来表示爱好,如"喜好"、"好大喜功"等义。有时也特指"怀孕",如"她有喜了"。

从该字的甲骨文字形来看,它的上面是鼓形,下面是个"口"字,表示高兴时"开口大笑",合起来是会意"快乐"、"高兴"之义。"喜"字是个会意字,其金文字形与甲骨文字形基本一致。小篆字形的上面小有变化,下面与金文大同小异。楷书的形体是沿袭了小篆的形体发展而来。

《说文解字》里说:"喜,乐也。""乐"就是"快乐"、"高兴"的意思,这是"喜"字的本义。如《诗经·郑风·风雨》里说:"既见君子,云胡不喜!"意思是说已经见到了相爱的人,怎么能说不高兴呢。当"喜"字用作动词时,又可以表示"喜好"、"爱好",如《诗经·小雅·彤弓》里说:"我有嘉宾,中心喜之",意思就是说我的心中特别喜好这位嘉宾。当"喜"字用作名词时,又可以指"可庆贺的事",如《国语·鲁语下》中"固庆其喜而吊其忧","固"是"当然"的意思,这句话的意思是说当然应该庆贺他值得庆贺的事而哀悼他所忧伤的事。今天我们还在说的"贺喜"、"道喜"都是这种用法。

至于《红楼梦》里说的"叫大夫瞧了,又说并不是'喜'",这里的"喜"字就是特指"妇女怀孕",现在还有好多人说"妇女怀孕"时说"有喜了"。因为"有喜了(怀孕了)"是值得庆贺的事,所以这个"喜"字的意思就是从"可庆贺的事"引申出来的。

5."囍"字的传说

关于"喜"字还有一段有趣的传说。王安石青年时期进京赶考,途经马家镇,当时天色已晚,他便决定留在镇上休息。晚饭过后闲来无事,王安石便上街闲逛,他看见一个大户人家的宅院外挂着一盏走马灯,灯光闪烁,十分耀眼。王安石走近一看,只见灯上写着"走马灯,灯马走,灯熄马停步"的半幅对子,这显然是在等人对出下联。王安石不禁拍手称赞"好对!好对!"站在一旁的管家马上进去禀告主人马员外,但待他们出来时,王安石已经不见了。

第二天,王安石进了考场,答题时一挥而就,第一个交了卷子。主考官见他聪明机智,便传他来当面考试。考官指着厅前的飞虎旗曰:"飞虎旗,旗虎飞,旗卷虎身藏。"此时王安石脑中立刻浮现出昨晚在马员外家走马灯上看到的那半幅对子,便不假思索地对道:"走马灯,灯马走,灯熄马停步。"他对得又快又好,令主考官赞叹不已。

考试结束后,王安石回到了马家镇,想起"走马灯"上的对子对他的帮助,于是他又特意走到马员外家观灯,已等待多时的管家立即认出王安石就是前几日称赞联语的那位相公,执意请他进了宅院。落座后,马员外便请王安石对走马灯上的对子。王安石再次移花接木,随手写道:"飞虎旗,旗虎飞,旗卷虎身藏。"员外见他对得又工整又巧妙,于是便把女儿许配给他,并主动提出择

王安石像

吉日在马府完婚。

婚礼当天,马府上下喜气洋洋。正当新郎新娘拜天地之时,有下人来报:"王大人金榜题名,明日请赴琼林宴!"这真是喜上加喜,马员外大喜过望,当即重摆酒宴。面对双喜临门,王安石带着三分醉意,挥毫在红纸上写了一个大大的"囍"字,让人贴在门上,并随口吟道:"巧对联成双喜歌,马灯飞虎结丝罗。"

从此,"囍"字的故事便被传开了,之后,"囍"字和结婚时贴红双喜的风俗也开始在我国民间流行起来。

(四)基于汉字的篆刻艺术

汉字除了经过文人书写能创造出瑰丽的书法艺术之外,一些能工巧匠精雕细琢又成就了基于汉字的另外一种艺术——篆刻艺术。如果说书法艺术是在宣纸上抒写豪情的话,那么篆刻艺术就是在石头上的方寸之间展现精致的技艺了。

1.篆刻

篆刻是刻印的通称,因为刻印一般用篆体字,所以称"篆刻"。刻印的字体除先秦大篆、秦小篆、汉篆以外,也有隶书、魏碑、楷书、行书等。

在秦代以前,无论官印还是私印都统称"玺"。秦国统一全国后,规定只有皇帝的印章才能叫作"玺",普通百姓的刻章只能称为"印章"、"印信"、"记"、"朱记"、"图章"、"合同"、"关防"、"符"、"契"、"押"、"戳子",等等。

玺印的起源众说纷纭,有人说起源于商周时期,有人说起源于商代,至今尚无定论。根据出土文物和历史记载来看,至少在春秋战国时代玺印就已出现,在战国时代已普遍使用。在汉代以前用竹简记录的时代,为避免简牍散佚,密封文书内容,人们就在写好的简牍之外,再加上一块挖有方槽的木块并用绳子捆扎,把绳结放入方槽内,又加上一块软泥,然后用印在泥上按出印文。这种风干后硬化的软泥,就是今天我们所看到的"封泥",这也就是玺的来源,而按照当时惯例,凡在战场上虏获得到的印章必须上交,而官吏迁职或死后也须脱解印绶上交。

到了后来,随着科技的发展产生了纸张,印章也慢慢从它原有的实用功能向审美情趣、身份地位标志的方向发展,材料也从战国时的铜为主,发展为有金、银、玉、铁、水晶、玛瑙、象牙、犀角、瓷、紫砂、黄杨、树根、瓜蒂、果核、瓦印、石章等。传说最早专门用石头来制印的是元代的著名画家王冕,后来这种以石为章的习惯就一直沿用至今。

2.和氏璧的传说

和氏璧是历史传说中的著名的美玉,在它流传的数百年间,被奉为"无价之宝"的"天下所共传之宝",又有荆玉、荆虹、荆璧、和璧、和氏之璧、和璞等名称。

关于和氏璧的记载,最早见于《韩非子》、《新序》等书,并且情节大致差不多。说是在春秋时期,楚国有一个叫卞和的琢玉大师,在荆山中偶然得到了一块璞玉。卞和捧着璞玉去见周厉王,厉王派王宫里的玉工去查看,玉工说这只不过是一块普通的石头。厉王听后大怒,以欺君之罪砍下了卞和的左脚。其后,武王即位,卞和再次捧着璞玉去见武王,武王又命玉工查看,玉工仍然说是一块石头,卞和因此又失去了右脚。后来,文王即位,卞和抱着

蔺相如完璧归赵

璞玉在楚山下痛哭了三天三夜。文王得知后派人去询问,卞和说:我并不是哭我被砍去了双脚,而是哭这样的宝贝却被当成了石头。于是,文王命人剖开了这块璞玉,发现它果真是稀世之玉,并将其命名为和氏璧。

和氏璧从此便成了楚国的国宝。后来,楚国向赵国提出要与其结成秦晋之好,并把和氏璧作为礼物送到了赵国。公元前283年,秦昭襄王听说赵国有和氏璧,便提出用15座城与其交换,因赵弱秦强,赵国不敢怠慢,但又不情愿,于是就派智勇双全的蔺相如奉璧使秦。蔺相如知道其中有诈,于是偷偷将和氏璧送回了赵国。此事在司马迁的《史记》中有详细记载。

后来,和氏璧还是被秦国拥有,至于是何时,又是如何被秦国拥有,史无记载。秦王政十年(前237年),李斯在《谏逐客书》中提到:"今陛下致昆山之玉,有随、和之宝。""随、和之宝",即指"随侯之珠"与"和氏之璧"两件当时著名的宝物。后人猜测极有可能是赵国在不得已的情况下,因畏惧强大的秦国,将和氏璧送给了秦国。

从此以后,关于和氏璧的记载有很多,并大都相信《韩非子》、《新序》等书所记载的故事。如西晋傅咸《玉赋》说:"当其潜光荆野,抱璞未理,众视之以为石、独见知于卞子。"唐代诗文中关于和氏璧的记载也有很多,大诗人李白《古风》三十六便有"抱玉入楚国,见疑古所闻。良宝终见弃,徒劳三献君"的诗句。

据《史记》记载,秦王政九年,便制造了御玺,刘邦灭秦之后,子婴将御玺献给了刘邦,于是御玺成为了"汉传国宝"。一直到汉末董卓之乱,御玺先后落入孙坚、袁术的手中,再传到魏、晋。五胡十六国时,一度流于诸强,后被南朝承袭。隋灭陈后,御玺被陈朝的萧太后带到了突厥,直到唐太宗时期御玺归唐。五代时,天下大乱,流传的御玺又不知所终。在六朝以后的御玺中,大都认为秦始皇所用的御玺就是用和氏璧改造而成的。

(五)一字师

中国古代有很多"一字师"的故事,实际上我们可以看到,正是由于这些故事中的主角对汉字的执著和追求,才使得汉语文学能够生发出永久的文学魅力。

1."一字师"的由来

历史上关于"一字师"的故事有很多,但是"一字师"的典故究竟出自哪里还是众说纷纭。

有人说,一字师的故事是出在五代时候王定宝的《唐摭言·切磋》。这本书中记载了李相读《春秋》,叔孙婼之"婼"应读"敕略切",李相误为"敕晷切",旁边的侍卫跟他说了这件事情,李相很惭愧,让这个侍卫受北面之礼,把他称作自己的"一字师"。

也有人认为"一字师"的典故是源于宋人计有功的《唐诗纪事》,宋代陶兵的《五代史补》及宋人魏庆之的《诗人玉屑》中也有这样的故事。他们记载的都是同一个故事:唐代诗人郑谷的诗文写得非常好,尤其《鹧鸪诗》写得更是出类拔萃。因此,当时人们把他称为"郑鹧鸪"。郑谷有个朋友叫齐已,他是个和尚,也很喜欢写诗著文。有一次,齐已带着自己的一首《早梅》诗前去请教郑谷,当郑谷看到"前村深雪里,昨夜数枝开"一句的时候,觉得有些不妥之处,经过反复琢磨和仔细推敲,最后郑谷认为把"数枝"改为"一枝"更能体现出梅花早开的形态。齐已听了以后非常钦佩郑谷,向郑谷表示由衷的谢意。当时文人圈里的人,都佩服郑谷把齐已的诗只换了一个字,就使得整首诗顿显确切生动,于是他们便把郑谷称为"一字师"。后来,人们就用"一字师"指代那些为作品做细微的改正而使全篇文章生辉的人,后也泛指诗文的修改者。

2.现代著名的"一字师"的故事

在我国现代文学史上,"一字师"的故事比比皆是。

20世纪30年代,著名教育家陶行知写了一首赞扬某小学的诗:"有个学校真奇怪,大孩自动教小孩,七十二行皆先生,先生不在学生在。"有一个年纪不大的女学生提出疑问:"既然大孩能自动,难道小孩就不能自动吗？大孩能教小孩，小孩就不能教大孩吗？我看应该改为'小孩自动教小孩'。"陶行知听后很高兴，当即把诗中的"大"字改为"小"字。事后，陶行知逢人便夸："这个小丫头可真是我的'一字之师'啊！"

1942年，郭沫若先生的话剧《屈原》在国民党反动统治下的山城重庆公演，获得了空前的成功。但郭先生并不满足，他仍在一遍又一遍地修改着剧本。

有一次，郭沫若在后台和扮演婵娟的演员张瑞芳谈到第五幕第一场婵娟斥责宋玉的一段台词："宋玉，我特别地恨你，你辜负了先生的教训，你是没有骨气的文人！"郭老总觉得这句话还不够味儿，打算在"没有骨气的"后面再加上"无耻的"三个字。当时扮演钓者的张逸先正在旁边化妆，说："'你是'不如改成'你这'。'你这没有骨气的文人！'那就够味儿了。"郭老听后茅塞顿开，认为改得非常恰当。郭老由此得到了启示，在后来写作《水牛赞》时，也有意识地应用了这种句式，收到了增强语势的效果。郭老对此铭记在心。同年五月，他在《瓦石札记》中专列一则，详细叙述了这件事，而且把标题定作"一字之师"。

作家周立波写成《山乡巨变》以后，就请当时深入地方体验生活的陈清亮同志帮助修改。陈清亮读了其作品后，将文中"今年的丰收，硬是坛子里做乌龟——十拿九稳"一句中的"做"字，改为"捉"字。周立波看后，十分钦佩地对陈清亮说："你就是我的'一字之师'嘛。'做'乌龟，岂不笑话？应该是'捉'。"《山乡巨变》一书第一次出版以后，周立波特地送给陈清亮一套，以表示谢意。